全国技工院校市场营销专业任务驱动型教材（高级技能层级）
全国高等职业学校市场营销专业教材

YINGXIAO CEHUA

营销策划

主　编：侯　瑾
主　审：宋文光

中国劳动社会保障出版社

图书在版编目(CIP)数据

营销策划/侯瑾主编. -- 北京：中国劳动社会保障出版社，2018

全国技工院校市场营销专业任务驱动型教材. 高级技能层级 全国高等职业学校市场营销专业教材

ISBN 978-7-5167-3578-7

Ⅰ.①营… Ⅱ.①侯… Ⅲ.①营销策划-高等职业教育-教材 Ⅳ.①F713.50

中国版本图书馆 CIP 数据核字(2018)第 186882 号

中国劳动社会保障出版社出版发行

(北京市惠新东街 1 号 邮政编码：100029)

*

北京市艺辉印刷有限公司印刷装订 新华书店经销

787 毫米×1092 毫米 16 开本 9.5 印张 184 千字

2018 年 8 月第 1 版 2022 年12月第 4 次印刷

定价：20.00 元

营销中心电话：400-606-6496

出版社网址：http://www.class.com.cn

http://jg.class.com.cn

简介

本书为国家级职业教育规划教材，适用于全国技工院校市场营销专业（高级技能层级）和全国高等职业学校市场营销专业，由人力资源社会保障部教材办公室组织编写。

本书从市场营销专业人员必备的营销策划知识入手，讲解了营销策划的相关理论和实践方法等，主要内容包括认识营销策划、营销战略策划、营销调研策划、营销组织策划、企业形象策划、商务活动策划等。本书采用了任务驱动的编写思路，将理论知识融入到具体的任务情境当中，帮助学生更好地理解和掌握所学知识。

本书配有电子课件，可通过职业教育教学资源和数字学习中心（http://zyjy.class.com.cn）免费下载。

本书由侯瑾任主编，张婷婷任副主编，刘畅、陈翠翠参加编写，宋文光任主审。

目录 CONTENTS

模块一　认识营销策划

知识目标

- ➢ 掌握营销策划的内涵
- ➢ 掌握营销策划的主要内容
- ➢ 掌握营销策划的程序

一、营销策划的内涵

营销策划是市场营销策划的简称，是企业市场营销活动的起点和指南。营销策划是由多门学科知识综合、交叉、碰撞而形成的新的应用知识体系，它秉承了市场营销学的特点，既是一门科学，也是一门经营艺术。

营销策划是企业对将要发生的营销行为进行超前规划和设计，以提供一套系统的有关企业营销的方案，这套方案是围绕企业实现某一营销目标或解决营销活动的具体行动措施。营销策划是以对市场环境的分析和充分获取市场竞争的信息为基础，综合考虑外界的机会与威胁、自身的资源条件及优势劣势、竞争对手的战略动向和市场变化趋势等因素，编制出的规范化、程序化的行动方案，包括从构思、分析、归纳、判断，直到拟定策略和方案实施、跟踪、调整与评估等。

二、营销策划的构成要素

营销策划一般包括主体、创意、目标和技术手段四个要素。没有营销策划主体独辟蹊径、令人耳目一新的营销创意，就不能称之为营销策划；没有具体的营销目标，创意也落不到实处；而没有相应技术手段的支持，无论创意多么巧妙，目标多么具体和富有激励性，也会因无法落实而没有任何实际价值。

1. 营销策划的主体

营销策划的主体是指进行策划的策划者，策划者可以是个人或组织机构。就企业策划活动而言，其主体既可以是企业内部人员，也可以是企业外部人员。由于策划是一种知识密集型的创造性活动，因此对策划主体有着特殊的知识、能力与素质方面的要求。

2. 营销策划的创意

创意是与众不同、新奇而又富有魅力的构思和设想，策划的灵魂就是创意。创意是市场营销策划最为核心的要求。创意不是高深莫测的，是可以通过长期的思维训练和经验积累获得的。除此之外，策划者的想象力、创造力和多样化的思维方式也是必不可少的。

3. 营销策划的目标

营销策划是围绕解决某一营销难题，实现某一目标而进行的策划活动。为了使目标切实可行，要做到以下几点：一是目标的具体化与数量化，如将市场占有率提高 2%，切不可模棱两可，含糊不清；二是对长期目标进行分解，制定出阶段性的短期目标，保持长期目标与短期目标之间的平衡；三是在一定的时间和空间内目标不能太多，太多的目标会使策划方案成为折中方案。

4. 营销策划的技术手段

营销策划主要是一种理性思维活动，但策划的过程还需要计算、筛选、绘制图表和过程模拟等技术手段的支持。

三、营销策划的主要内容

1. 营销战略策划

营销战略就是企业在目标市场上用以达成本企业各种营销目标的总体规划。一个企业要想超前把握市场、主动驾驭市场、积极开拓市场，就必须深入研究和积极谋划营销战略。

营销战略策划是指营销策划主体接受企业委托，通过对企业内外营销环境的深入分析，为企业在营销理念导入、营销任务确定、营销目标规划以及实现营销目标的方案和措施等方面做出总体长远的谋划过程。它是指导企业营销活动、合理分配企业营销资源的纲领，是基础性与导向性的营销策划，决定着整体营销策划的基础与方向。营销战略策划主要包括市场定位策划和品牌策划两个方面。

2. 营销调研策划

现代营销理论认为，实现营销目标的关键是正确认识目标市场的需要，并且比竞争对手更迅速、更有效地满足目标顾客的需要。市场调研正是企业了解目标市场需要和竞争对手行动的真正有效手段，而营销调研策划则是为搜集数据或资料而选择研究方法和研究内容的决策过程，是有效开展市场调研和正确认识市场的前提。可以说，营销调研策划是市场营销策划的起点和基础。

3. 营销组合策划

营销组合策划是营销策划中具体策略的实施规划，包括产品策划、价格策划、渠道策划和销售促进策划四部分，分别针对市场营销 4P（Product、Price、Place、Promotion）要素进行具体策划。4P 要素是市场营销过程中可以控制的因素，也是企业进行市场营销活动的主要手段，对它们具体运用的规划形成了企业的市场营销组合策划，用以指导企业具体营销活动。

4. 企业形象策划

企业形象是企业自身的一项重要无形资产。塑造企业形象虽然不一定马上给企业带来经济效益，但它能创造良好的社会效益，获得社会认同感，最终会收到由社会效益转化来的经济效益。因此，塑造企业形象已成为众多企业的长期战略。

“企业形象识别系统”是英文“Corporate Identity System”的中文翻译，简称 CIS，它包含了企业形象向各个领域渗透的整个宣传策略与措施。

CIS 主要包括三部分，即 MI（理念识别）、BI（行为识别）、VI（视觉识别）。其中核心是 MI，它是整个 CIS 的最高层，给整个系统奠定了理论基础和行为准则，并通过 BI、VI 表达出来。所有的行为活动与视觉设计都是围绕着 MI 这个中心展开的，成功的 BI 与 VI 就是将企业富有个性的独特精神准确地表达出来。

5. 商业活动策划

营销策划是基于企业市场战略上的整体策划，是企业发展战略实施环节中重要的一环，而商业活动策划则是在营销战略下的战术设计。战术设计的目标必然要符合和满足战略策划的总体方向与阶段性目标。同样，战术实施的成败会直接影响整体战略形势的走向。

四、营销策划的程序

按照营销策划的实际操作流程划分营销策划程序，一般可以分为六大步骤，如图 1—1 所示。

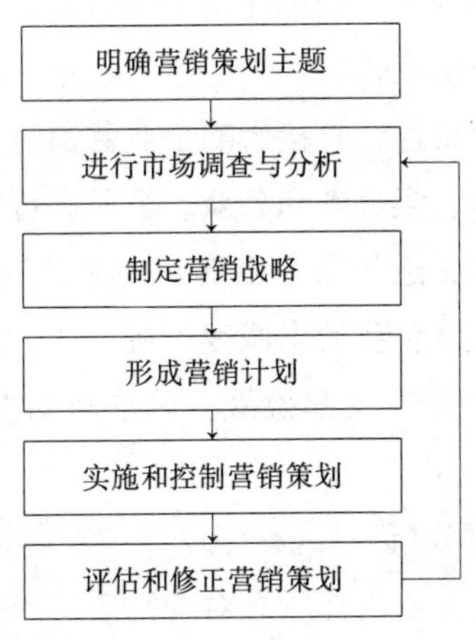

图 1—1 市场营销策划程序

1. 明确营销策划主题

策划主体在进行营销策划时首先要明确本次策划是为了解决什么问题，即明确营销策划主题。这个过程通常要经过挖掘主题、过滤主题和确定主题三个阶段。

（1）挖掘主题

通过深入了解与本次营销策划相关的方方面面去找出问题，圈定营销策划所要围绕的主题。例如，快餐食品市场的竞争越来越激烈，快餐企业在这种情况下应着力解决如何提高顾客忠诚度、如何扩大市场份额及如何提升销售业绩等问题。

（2）过滤主题

对于所圈定的范围进行深入调查分析，找出重要问题，并明确各细分问题。例如，为什么要选定这一对象为策划主题？它是企业面临的主要问题吗？通过找出问题，去粗取精，策划主体可以专注于解决那些重要的问题。例如，某快餐企业通过过滤主题，发现本企业目前面对的主要问题是顾客流失，应集中精力吸引顾客以提升顾客忠诚度。

（3）确定主题

策划主体通过与委托人或上级主管沟通，达成共识，确定策划主题。确定的策划主题描述越细致越好。

2. 进行市场调查与分析

进行市场调查与分析的目的在于了解企业的营销环境，为企业的营销策划提供真实可靠的信息。主要内容包括以下几点。

（1）企业营销的外部环境分析

企业营销的外部环境可以分为间接环境和直接环境。

间接环境一般分为政治环境、经济环境、社会文化环境、技术环境和生态环境。这些环境因素的变化会直接或间接地影响企业的营销活动，因此是企业进行营销策划时必须分析与考虑的问题。例如，当今人们更注重生活质量，提倡健康饮食，导致快餐业发展受到限制就属于企业间接环境变化。

直接环境是指与企业紧密相连，直接影响企业营销能力的各种参与者，主要包括企业本身、供应商、各类中间商、竞争者和公众。企业进行营销策划时必须充分考虑各种微观因素的变化和影响。例如，近年来儿童客户对某快餐企业的各种“快乐套餐”的需求不断增长，非儿童客户对该企业的忠诚度正在下降；竞争对手已经开发出类似的产品，多次向该企业的“快乐套餐”发起挑战；寻求新的潜在市场越来越困难。这些都属于企业直接环境变化。

（2）企业营销的内部环境分析

企业营销的内部环境是指企业内部所有对营销活动产生直接或间接影响的因素。例如，企业资源（优势资源与劣势资源）、企业任务、企业目标、企业总体战略、企业组织结构和竞争战略等。企业营销一方面要为企业的总体战略服务，另一方面需要各部门甚至每一位员工的配合才能取得良好的效果。因此，营销策划不能只注重理论正确，更重要的是符合实际，能够得到企业内部各方面的支持。而要做到符合实际，必须对企业内部各种影响因素进行调查与分析，重点是企业的优势与劣势分析。

（3）SWOT 分析

SWOT，即 Strengths（优势）、Weaknesses（劣势）、Opportunities（机会）和 Threats（威胁）的缩写。SWOT 分析是指导企业系统地考虑其内部条件与外部环境，并确定企业可行性方案的逻辑框架，是企业进行战略分析的实用工具。通过将企业内部的优势和劣势与企业外部的机会和威胁相匹配，SWOT 分析能帮助企业认清形势，指导企业制定出符合自身条件的发展战略、竞争战略和营销战略。表 1—1 为模拟 SWOT 分析。

表 1—1　　　　模拟 SOWT 分析

优势	劣势
◆ 营销能力强	◆ 技术能力薄弱
◆ 具有旅游资源	◆ 无差异的产品及服务
◆ 有足够的资金筹集能力	◆ 企业所在地偏僻
◆ 服务网点众多	◆ 竞争对手在分销渠道的陈列有优先权
◆ 生产成本的优势	◆ 产品质量不好
◆ 良好的公共关系	◆ 新产品缺乏
◆ 品牌知名度高	◆ 人员不稳定
机会	**威胁**
◇ 互联网发展迅速	◇ 有新的具有实力的竞争对手进入
◇ 出口补贴增加	◇ 新一轮的价格竞争
◇ 农村市场是新的空白市场	◇ 竞争对手在投资开发一种新型产品
◇ 家电下乡政策启动	◇ 国际资本竞争逐渐加大
◇ 金融风暴导致的人力资源成本降低	◇ 金融风暴导致的国外需求剧减
◇ 最大的竞争对手退出市场	◇ 市场竞争格局由单一竞争转为多元竞争

3. 制定营销战略

在制定营销战略前，应首先确定营销目标。营销目标是指通过营销策划的实施，希望达到的销售收入、预期的利润率和产品在市场上的占有率等，一般包括利润水平、销售增长、市场份额、风险分担、创新开发等几个方面的内容。设定营销目标的步骤依次为目标调查、目标拟定、目标评估、目标论证和目标深化。能否制定一个切合实际的目标是营销策划的关键。

制定的营销战略应主要包括以下几个方面。

（1）目标市场战略

目标市场战略是指采用什么样的方法或手段去进入和占领已选定的目标市场，即企业将采用何种方式去接近消费者以及确定营销领域。

例如，某快餐企业决定采取的目标市场战略包括：不断加强对儿童市场的营销活动，强化儿童客户的忠诚度；以成年人为目标市场进行促销活动，每六个月组织一次促销性游戏活动；继续在非传统场所开设销售网点，增加网点数目等。

（2）营销组合策略

营销组合策略是指对企业产品进行准确的定位，找出卖点，并确定产品的价格、分销和促销策略。

例如，某快餐企业结合目标市场进行的营销策略组合，包括广告策略、促销活动、包装策略、销售网点策略以及对新快餐食品和各种分销策略进行市场研究的策略。

（3）营销预算

营销预算是指执行各种市场营销战略和策略所需的最适量的预算以及在各个市场营销环节和各种市场营销手段之间的预算分配。制定营销战略要特别注意产品的市场定位和资金投入预算分配。

4. 形成营销计划

营销活动的开展在时间和空间上均需制定一个统筹兼顾的方案，而各个相关活动在时间和空间上也要做到合理搭配。同时，要编制一个类似损益报告的辅助预算。经过对上述步骤的分析，在本阶段以营销策划书为载体，形成营销计划，完成具体营销实施中各个环节的行动方案及相应的控制与追踪方法。营销策划书的主体部分包括现状或背景介绍、分析、目标、战略、战术或行动方案、效益预测、控制和应急措施，各部分的内容可因具体要求不同而详略不一。

5. 实施和控制营销策划

在此阶段，营销策划真正从“构思”过渡到“动手”。营销管理者一方面要把各部门的任务详加分配，让这些部门分头实施；另一方面要根据修正妥当的预算表与进度表，严密控制营销策划的预算及实施进度。为此，企业营销管理部门必须根据策划的要求分配企业的人、财、物等各种营销资源，处理好企业内外部的各种关系，提高执行力，把营销策划的内容落到实处。在实施过程中，还必须及时反馈实施情况，出现问题需及时调整营销策略和行动。

6. 评估和修正营销策划

市场营销策划方案实施之后，需要对其效果进行评估，进而修正完善市场营销策划方案，使之处于一个良性循环的状态。评估市场营销策划效果包括阶段评估和事后评估：前者有利于及时了解前一阶段方案实施的效果，为下一阶段更好地实施方案提供指导；后者有利于为今后营销方案的设计及企业营销活动的开展提供依据。市场营销策划实施效果的评估一般从销售收入、利润、市场占有率、品牌形象和企业形象等方面进行。

五、营销策划书的设计与撰写

营销策划是市场营销活动的起点，对整个营销活动起到安排和控制的作用，正确的营销策划能为企业的发展做出重要贡献。在营销策划活动中产生的主要成果是营销策划书。营销策划书是整个营销活动的指导性文件。

营销策划书没有一成不变的格式，依据产品或营销活动的不同要求，在策划的内容和编制格式上也有变化。但是，从营销策划活动的一般规律来看，其中有些要素是共同的。

1. 营销策划书的基本结构

营销策划书的构成见表1—2。

表1—2　营销策划书的构成

结　构	内　　容	注意事项
封面	策划书及客户名称，策划机构或策划人名称，策划完成时间，策划执行时间，策划书的编号、页数	—
前言	委托情况、策划目的、策划特色	—
目录	策划内容标题及页码	—
摘要	策划内容要点	摘要的撰写要求简明扼要，篇幅不能过长，一般控制在一页纸内。摘要应包括策划的性质、策划要解决的问题、策划的主要结论
环境分析	企业外部环境、企业内部环境	市场环境状况的分析需在通过市场调研取得第一手资料的基础上进行
SWOT分析	企业优势、劣势、机会、威胁分析	—
营销目标	财务目标、销售目标等	目标必须逐层确定；在可能的情况下，尽量使用量化目标；目标必须切实可行；各项营销目标之间应该协调一致
营销战略	市场细分、目标市场选择、市场定位等	—
营销组合策略	产品策略、价格策略、分销渠道策略、销售促进策略等	企业根据自己的营销目标和资源状况，针对目标市场需求，对自己能够控制的营销因素进行优化组合和合理的综合运用
行动方案	组织机构、营销行动程序安排、营销预算等	尽量把行动的程序、负责人、预算及行动方案的评估和控制等内容以图表的形式列出，营销预算原则是以较少投入获得最优效果

续表

结构	内容	注意事项
策划方案控制	营销控制方法	策划方案控制应该包括一般程序和应急计划
结束语	策划内容要点等	结束语一般对整个策划的要点进行归纳总结，一方面突出策划要点，另一方面与前言相呼应
附录	数据资料、问卷样本、座谈记录等	一是对策划中所采用的调查方法与分析技术做一些必要的说明，二是提供策划客观性的证明

2. 营销策划书的撰写程序

（1）列出大纲。

（2）细化大纲，确定所列大纲中各部分具体内容的范围。

（3）检查大纲框架结构及各部分的具体内容是否合理恰当。

（4）调整、确定各部分内容。

（5）撰写 SWOT 分析，列出分析结果。

（6）依据分析结果，从构思要点出发，明确策划目标、策划战略和策略组合。

（7）写出策划书的概要提示，从而决定策划书的整体构成。

（8）写出策划的实施计划和控制方案。

（9）查缺补漏，完善策划书。

（10）校验全篇，润色定稿。

3. 营销策划书的写作技巧

营销策划书与一般的报告文章有所不同，它对可信性和可操作性以及说服力的要求更高，因此，运用写作技巧提高上述两个“性”、一个“力”就成为撰写策划书追求的目标。

（1）寻找一定的理论依据

要提高策划内容的可信性并为阅读者接受，就必须为策划者的观点寻找理论依据。但是，理论依据要有对应关系，纯粹的理论堆砌不仅不能提高可信性，反而会给人脱离实际的感觉。

（2）适当举例

这里的举例是指通过正反两方面的例子来证明自己的观点。在营销策划书中加入适当的成功与失败的例子，既能起调整结构的作用，又能增强说服力，可谓一举两得。但举例应以多举成功的例子为宜，选择一些国内外先进的经验与做法以印证自己的观点是非常有效的。

（3）利用数字说明问题

营销策划书是一份指导企业实践的文件，其可靠程度如何是决策者首先要考虑的。营销策划书的内容不能留下查无凭据的漏洞，任何一个论点都应有依据，而数字就是最好的依据。在营销策划书中利用各种绝对数和相对数来进行比较对照是必不可少的。需要注意的是，各种数字都应有出处以证明其可靠性。

（4）运用图表帮助理解

运用图表有助于阅读者理解策划的内容，同时图表还能提高页面的美观性。图表的主要优点是有强烈的直观效果，因此，用图表进行比较分析、概括归纳、辅助说明等非常有效。另外，图表还能调节阅读者的情绪，有利于阅读者对营销策划书的深刻理解。

（5）合理安排版面

营销策划书视觉效果的优劣在一定程度上影响着策划效果的发挥。合理安排版面也是撰写营销策划书的技巧之一。版面安排包括字体选择、字号大小、字与字的空隙、行与行的间隔以及插图和颜色等。如果整篇营销策划书的字体、字号完全一样，没有层次之分，那么这份策划书就会显得呆板，缺乏生气。总之，合理的版面安排可以使营销策划书重点突出、层次分明、结构严谨而不失活泼。

（6）注意细节，消灭差错

这一点对于营销策划书来说十分重要，但却往往容易被忽视。如果一份营销策划书错字连篇，阅读者怎么可能对策划者建立良好的印象呢？因此，对打印好的营销策划书要反复仔细检查，不允许有任何差错出现，对企业的名称、专业术语等更应仔细检查。

思考与练习

1. 营销策划的构成要素有哪些？
2. 营销策划的主要内容是什么？
3. 简述营销策划的程序。

模块二　营销战略策划

任务 1　市场定位策划

知识目标

➢ 掌握目标市场策划的策略与切入方法

➢ 掌握市场定位策划的步骤、策略与方法

能力目标

➢ 能结合市场状况、企业自身状况等，运用恰当的市场定位方法实施市场定位策划

任务引入

华素片是北京四环制药厂生产的一种治疗口腔咽喉疾病的西药。该产品主要特点是：具有独特的碘分子杀菌作用，疗效快；口含，能更久地停留在口腔内发挥药力。在华素片推出之前，市场上已有一系列新老同类产品，同时华素片也陷入“重名”的竞争局面。在这样的竞争状况下，你作为一名营销策划者，将会如何制定对华素片重新进行市场定位的策划方案呢？

任务分析

在了解华素片的相关背景资料之后，策划者需明确华素片在面对激烈市场竞争的情况下，想重新进行市场定位策划，应主要做两个方面的工作：一是从行业状况、竞争对手的状况等方面入手分析企业外部环境，然后分析自己产品的特性和功效，将外部环境和内部环境相结合来定位其市场机会；二是要了解华素片消费者的人群特性，即它所治疗的适应症的患者，清楚知道消费者的购买行为与心理。

在分析了华素片的市场状况及患者的购买行为与心理之后，策划者就能够充分了解到华素片的卖点是什么，这样，华素片的定位就清晰可见了。找到定位策略之后，再把它转化为与消费者沟通的语言，至此，一份成功的华素片市场定位策划方案就制定完成了。

相关知识

一、市场定位策划的作用和原则

市场定位策划就是通过策划一系列的营销活动，为企业创造出一种明显区别于竞争对手的特色性差异，并把这种差异形象生动地展示给目标顾客，使企业产品在目标顾客心目中形成独特的、深刻的和鲜明的印象，从而在目标市场上建立企业独一无二、不可替代的竞争优势。

1. 市场定位策划的作用

企业营销策划的重要任务之一就是要找到本企业的目标市场，然后根据目标市场的特点来确定营销方案。

（1）市场定位策划能创造差异，有利于提高企业的竞争能力，是营销策略策划的前提。

（2）市场定位策划是市场营销组合策划的基础；市场营销组合策划是企业占领目标市场、进行市场竞争的基本手段，是市场定位战略策划的具体战术。

（3）市场定位策划是整合市场传播策划的依据。

（4）市场定位策划有助于树立企业形象及其品牌形象。因为市场定位策划是以市场定位为依据，以在顾客心目中创立企业、产品或品牌的特定形象为中心的措施。

2. 市场定位策划的原则

（1）现实性原则

现实性原则是指在营销策划中的目标市场是可以进入的，否则它就不能成为本企业的目标市场。

（2）可操作性原则

可操作性原则是指作为市场定位的细分市场必须是现实的、可操作的，而不能仅仅是在理论分析中存在的那种市场定位。

（3）价值性原则

价值性原则是指作为市场定位的目标市场必须有可开发的价值。由此要考虑三个问题：一是企业能否从定位的目标市场中获取利润；二是定位的目标市场应具有相对的稳定性，使企业在占领该市场后相当长一段时间内不需要改变目标；三是定位的目标市场必须适应企业扩大发展的要求。

二、市场定位策划的模式

市场定位策划的模式可概括为以下三种类型。

1. 统一定位模式

统一定位模式是指企业对市场不进行细分，而把整个公众都当作目标市场来推进营销的一种定位方式。这种定位模式普遍用于物资匮乏、产品供不应求的卖方市场时代，只有那些顾客需求无差异的产品的销售才能采用这种定位模式。这种定位模式的优点是可以降低生产成本，节约销售费用。

2. 集中定位模式

集中定位模式是指企业针对某一特定的细分市场开发特定的产品，策划制定特定的营销方案。这种定位模式的优点是可以减少市场竞争、节约资金。但这种定位模式也有它的缺点，就是风险较大：一是市场开发风险较大，因为谁也无法保证新开辟市场一定会启动成功；二是市场维系风险较大，因为集中定位的市场一般都比较小，即使启动成功，也可能会因市场风云突变而损失惨重。

3. 差异定位模式

差异定位模式是指企业针对多个细分市场分别设计不同的产品和不同的营销方案来占领这些细分市场的定位模式。差异定位模式是目前企业普遍采用的一种定位模式，也称多角化定位模式。这种定位模式的优点在于：可以增加销售总额，因为不同细分市场所占的份额可以构成可观的销售总额；可以化解企业经营风险，因为企业命运并不维系在一个细分市场上。但这种定位模式也有缺点：一是增加了经营成本，因为要维持各个细分市场的产品生产和销售，这无疑将增加产品的生产、营销、改进、发展和存货的成本；二是市场比较脆弱，因为在各个细分市场都要占有一席之地，因而其份额一般都不大，很容易被竞争者从细分市场上挤掉；三是市场开拓深度不够，因为资金分散于各个细分市场，很难集中资金对某个细分市场进行深度开发。

三、市场定位策划过程及步骤

1. 市场定位策划过程

市场定位策划过程是指企业明确其潜在的竞争优势，选择相对的竞争优势以及显示其独特的竞争优势的方案和措施。

（1）明确潜在的竞争优势

要求企业从以下三个方面寻找明确的答案：目标市场上的竞争者做了什么，做得如何？目标市场上的顾客确实需要什么，他们的购买需求是否得到满足？本企业能够为此做些什么？

（2）选择相对的竞争优势

相对的竞争优势是一个企业能够胜过竞争者的能力，有的是现有的，有的则是具备发展潜力的，还有的是可以通过努力创造的。简而言之，相对的竞争优势是一个企业能够比竞争者做得更好的方面。

（3）显示独特的竞争优势

选定的竞争优势不会自动地在市场上显示出来，企业要进行一系列活动，使自己独特的竞争优势进入目标顾客的视线，应通过自己的"一言一行"，表明自己的市场定位。要做到这一点必须进行创新策划，强化本企业及产品与其他企业及产品的差异性。差异性主要体现在创造产品的独特优势，创造服务的独特优势，创造人力资源的独特优势，创造形象的独特优势等方面上。

2. 市场定位策划步骤

策划者通常可以按以下步骤进行市场定位策划。

（1）分析目标市场的现状与特征

主要通过对目标市场的调查，了解目标市场上的竞争者提供何种产品给顾客、顾客的实际需要是什么。最常用的两个变量是质量与价格。

（2）目标市场的初步定位

在分析了目标市场上的消费者需求、企业产品差异以及确定了有效差异的前提下，策划者要权衡利弊，初步确定企业在目标市场上所处的位置。

（3）目标市场的正式定位

如果对目标市场的初步定位比较顺利，没有发生什么意外，说明这个定位是正确的，可以将其正式确定下来。但是有些时候初步定位也需要矫正，需要对质量、包装、广告等方面的策略做相应的改变，这就是重新定位。例如，专门为年轻人设计的某种款式的服装在老年消费者中流行开来，该服装就应重新定位。

四、市场定位策划战略

市场定位策划的主要任务，就是通过形成企业的竞争优势，将企业的产品与竞争对手的产品进行区分。可以说市场定位策划就是帮助企业明确潜在的竞争机会，选择其相对的竞争优势，显示其独特的竞争优势的过程。企业通过与竞争对手在产品、促销、成本、服务等方面的对比分析，了解自己的优势与劣势，从而明确自己的竞争优势，进行恰当的市场定位。企业常用的市场定位战略主要有四种，见表2—1—1。

表 2—1—1　　市场定位战略类型

战略类型	特征	优点	缺点	适用
针锋相对式	与竞争对手定位相似或相同	发挥企业优势，占领最佳市场位置	容易两败俱伤或以卵击石	产品、实力与对手相当，市场规模足够大
填空补缺式	定位在无人问津的位置	竞争小，占位迅速	垦荒难度大，成本高	市场补缺者或希望实施避强战略者
另辟蹊径式	通过营销创新创造新的需求	如入无人之境，竞争小，占位迅速	垦荒难度大，成本高	市场补缺者或希望实施避强战略者
改头换面式	改变原有策划重新定位	绝处逢生、梅开二度、柳暗花明	前功尽弃，从零起步	产品优质且适应需要，但原定位不理想

1. 针锋相对式定位战略

针锋相对式定位战略也叫迎头定位战略，是指企业选择在目标市场上与现有的竞争者靠近或重合的市场定位，这种策略要与竞争对手争夺同样的目标消费者。采用这种策略时，企业与竞争对手在产品、价格、分销及促销等方面基本没有差别，因此，竞争定位风险较大。如图 2—1—1 所示，如果产品 C 定位在竞争对手 A 已经占据的高价格、高质量的位置，或者定位在竞争对手 B 已经占据的中档市场，就属于针锋相对式的定位战略。

2. 填空补缺式定位战略

填空补缺式定位战略是指企业把产品或服务定位在尚未被竞争对手占领且被许多消费者重视的位置。当企业具备定位在这一位置的足够实力时，或者这一位置市场机会还未被竞争对手发现时，可以实行这种定位战略。如图 2—1—1 所示，如果产品 C 定位在高质量、低价格的位置，或者定位在低质量、低价格的位置就属于填空补缺式定位战略。

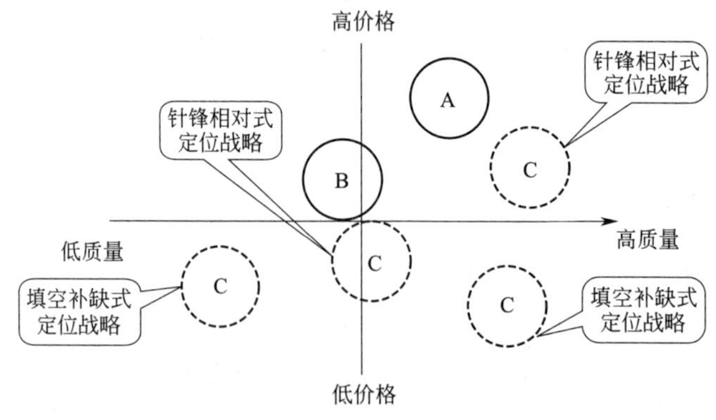

图 2—1—1　针锋相对式定位和填空补缺式定位战略

由于这种定位战略市场风险较小，成功率较高，故常常被多数企业所采用。在采用这种定位战略前必须明确所要投入的产品在技术上、生产上、经济上是否可行，有无足够规模的顾客偏爱这种产品等。

3. 另辟蹊径式定位战略

另辟蹊径式定位战略也叫独坐一席定位战略。这种定位方式是指企业意识到很难与同行业竞争对手相抗衡而获得绝对优势地位，也没有填补市场空白的机会或能力时，可根据自己的条件，通过营销创新，在目标市场上树立起一种明显区别于各竞争对手的新产品或新服务，如图 2—1—2 所示。

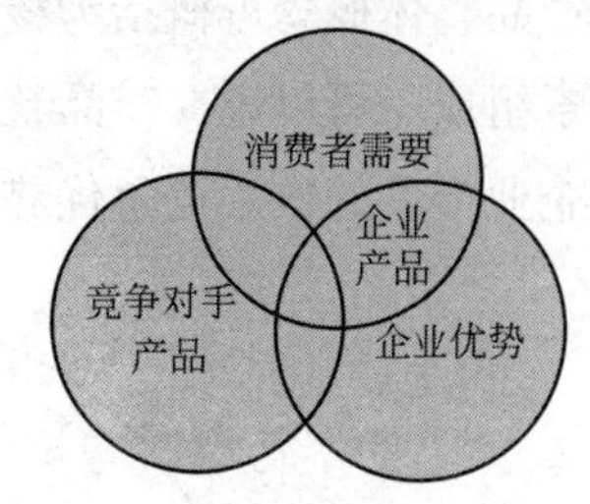

图 2—1—2　另辟蹊径式定位战略

4. 改头换面式定位战略

改头换面式定位战略也叫重新定位战略，是指企业最初选择的定位不科学、不合理或营销效果不明显，继续实施下去很难成功获得强势市场地位时，经过系统分析后，及时采取的更换品牌、更换包装、改变广告诉求策略等一系列重新定位方法的总称。一般情况下，这种定位目的在于摆脱困境，重新获得增长与活力。

五、市场策划定位方式

定位基点也称“卖点”，即产品或服务属性以及营销活动中那些具有吸引目标顾客、打动目标顾客和黏住目标顾客的内容。营销策划人员策划市场定位的方式就是要通过创意活动，形成企业产品独特的富有竞争力的卖点。

其实，商品交换关系就是由产品、需求和营销（供给）三个方面因素构成的，企业产品的市场位置归根结底都是由这三个要素决定的。这就决定了市场定位的方式有产品属性定位、需求属性定位、营销属性定位以及这三种属性组合定位四种，如图 2—1—3 所示。

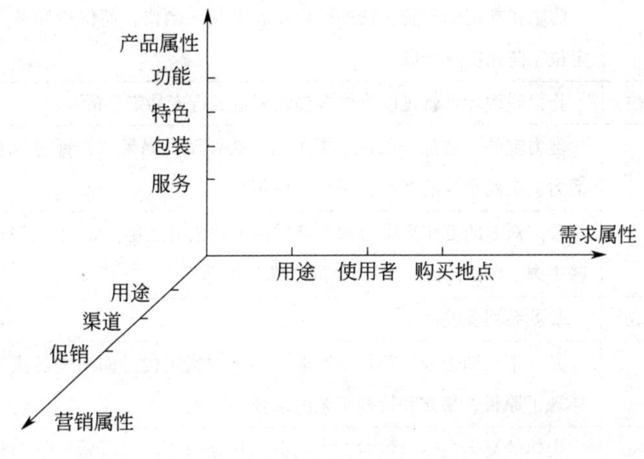

图 2—1—3　市场策划定位图

1. 产品属性定位

产品是指能够提供给市场，被人们使用和消费，并能满足消费者某种需要的任何东西。从广义上说，产品包括有形物品、服务、事件、人员、地点、组织、创意或者这些实体的组合。

产品整体概念可概括为核心产品、形式产品和附加产品三个层次，各层次又由不同的要素组成。可以说，产品整体概念三个层次中任何一个要素（见图 2—1—4）只要能形成企业产品的核心竞争优势都可以作为定位基点进行定位，见表 2—1—2。

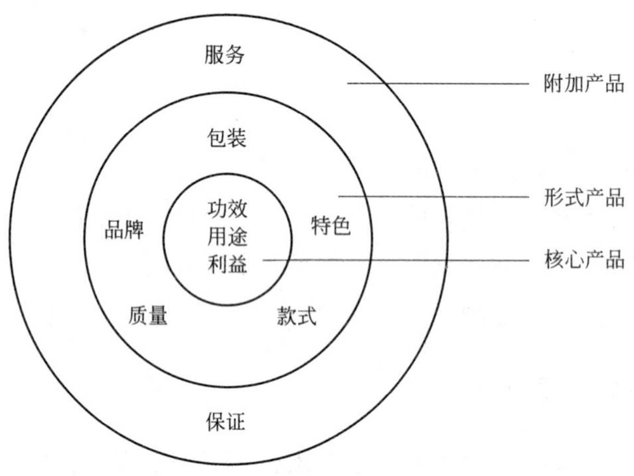

图 2—1—4　产品整体概念的三个层次与层次要素

表 2—1—2　产品属性定位

定位基点	定位方式	实　例
核心产品	功效定位	美国七喜汽水的广告宣传，就以不含咖啡因为定位基点，以显示与可口可乐等众多饮料的不同
	用途定位	防晒霜被定位于防止紫外线将皮肤晒黑、晒伤，而保持和补充水分的润肤霜则被定位于防止皮肤干燥
	利益定位	止血脱敏牙膏就是以为顾客提供利益进行产品定位的
形式产品	包装定位	健力宝的“要酷、要炫、要不同，就买我”爆果汽，针对年轻人追求欢乐、富有活力、崇尚个性的特点，采用黑色包装
	质量定位	我国众多的百年老字号都有其质量上的独得之秘，如“全聚德”烤鸭、“月盛斋”酱牛肉、“张小泉”剪刀、“同仁堂”中药等
	款式定位	长款系列女装
	特色定位	龙井茶、瑞士表等都是以产地及相关因素定位，而一些名贵中草药的定位则充分体现了原料、秘方和特种工艺的综合
	品牌定位	炎热的夏天突然口渴时，人们会立刻想到“可口可乐”红白相间包装所体现的清凉感受

续表

定位基点	定位方式	实　例
附加产品	服务定位	“IBM 就是服务”是美国 IBM 公司一句响彻全球的口号，是 IBM 企业文化的精髓所在
	保证定位	有些家电产品具有终身维修保证

2. 需求属性定位

按照消费者购买行为“5W1H”六个要素进行需求属性定位，具体方式见表 2—1—3。

表 2—1—3　　需求属性定位

需求属性	定位方式	实　例
Who	按顾客群定位	儿童营养液、太太口服液等
Why	按购买动机定位	复读机、好记星等
When	按购买时间定位	月饼、春联、奥运产品等
What	按追求利益定位	防晒化妆品等
Where	按购买地点定位	随处可得的可口可乐等
How	按购买方式定位	赊销、信贷等

3. 营销属性定位

按照营销属性定位，就是在目标顾客心目中形成众所周知和特色明显的营销观念、营销战略、竞争战略和营销策略，见表 2—1—4。

表 2—1—4　　营销属性定位

营销属性	定位基点		实　例
营销观念	市场观念		真诚到永远
	关系营销		进门是客，出门是友
	绿色营销		蒙牛集团“包装盒换牛奶回收计划”
营销战略	成本领先		格兰仕微波炉
	差异化		农夫果园差异化产品设计、包装
	目标聚焦		××小家电
竞争战略	是非定位		无磷洗衣粉、无氟冰箱、非油炸方便面、非可乐饮料
	跟随定位		××第一，我们第二
营销策略	价格		高价、中价及低价定位，如平价大药房、两元店
	渠道		邮购、直销
	促销	推销人员	特定职业装的服务员
		广告	馈赠型促销广告
		公关	捐助希望小学活动
		现场促销	“买一送一”“满减活动”

4. 组合定位

组合定位也称多重定位，是指以产品属性、需求属性和营销属性中的两个或两个以上的属性为基点，策划确定企业产品的市场定位，如价格质量定位、产品属性利益定位等。营销策划人员运用策划的相关方法，列举产品、需求与营销各属性，然后运用组合法形成不同的组合方案后，进行分析评估，最后确定满意的市场定位方案。

六、市场策划沟通方案

市场定位的最终目的是在目标顾客心目中塑造一种富有个性的独特形象。因此，做出定位决策后，还必须策划有效的沟通方案，利用多种沟通渠道与手段，把企业产品的定位准确地传播到目标顾客，从而在目标顾客心目中形成独特的、印象鲜明的形象。例如，提到去头屑，很多人马上想到海飞丝；提到碳酸饮料，人们首先想到可口可乐，这些都是企业定位成功、宣传到位的例证。

制定市场策划沟通方案的步骤包括以下几个方面。

1. 分析目标顾客

策划沟通方案首先要对沟通对象即目标顾客进行认真深入的分析，了解其接触媒体的习惯、喜欢的信息形式、偏好的沟通方式、乐于接受的信息内容等。

2. 设定沟通目标

根据概括消费者购买心理发展演变过程的“爱达”公式（AIDA 模式），设定以下几个与之相适应的阶段性目标。

（1）引起注意（Attention）

如果大多数目标顾客并不了解企业及其产品，企业首要的任务就是引起他们的注意，这对新的或知名度低的企业和产品来说尤为重要。一般来说，广告在此阶段发挥的沟通作用比较大。

（2）激起兴趣（Interest）

如果目标顾客已经注意到企业及其产品的存在，但所知不多，尤其是对定位诉求点知之甚少，则建立顾客对企业及其产品诉求的认识是最迫切的沟通目标。如果顾客对定位诉求感觉不深刻或印象不佳，企业可以通过一些具体的促销活动激发顾客对企业及其产品的兴趣，如赠品派送、产品知识有奖问答、产品展销等活动。

（3）激发欲望（Desire）

如果目标顾客已经对企业及其产品产生兴趣，此时就要将沟通目标转移到激发顾客购买欲望方面。此阶段需要着重传递的信息包括产品能够给顾客带来哪些利益和解决哪些问题等。除此以外，还包括提供免费试用、对商品做出承诺与保证，以及对商品的使用给予指导等手段，以激发顾客的购买欲望。

(4) 形成购买 (Action)

当顾客萌发购买欲望，但还没有产生购买行为之前，就要趁热打铁，及时开展有效的沟通活动，促使其购买行为的产生。在此阶段，营销推广与人员推销等促销活动发挥的作用较大。

3. 选择沟通渠道

依据沟通速度、信任度、准确度、成本、信息量和沟通效果等指标值的不同，选用不同沟通渠道的组合来传递定位信息。

4. 设计沟通信息

设计沟通信息就是为了顺利实现沟通目标，围绕定位观念所决定的诉求点，对信息内容、信息结构、信息格式、信息传递主体和信息传递方式等进行总体策划与设计。例如，计划通过名人广告传递信息，选择哪位名人效果更好；选择平面广告传递信息，需设计什么图案与文案等。

5. 沟通效果反馈

在沟通过程中，还要及时做好沟通效果监测和信息反馈工作，以及时发现问题并采取措施，确保预期定位与销售目标顺利实现。

市场定位策划理想的结果是顺利实现销售目标，产品市场推广快速高效，产销两旺、稳中有升。但在实际过程中往往不一定能如期实现策划计划，形成这种情况的原因可能是市场定位方案缺乏科学性，或者沟通活动组织不得力等。此时要及时查找原因，采取调整或补救措施，以顺利实现预期目标。

任务实施

经过上述知识的讲解，以及针对任务引入的案例所做的具体分析，整理形成任务实施步骤如下。

1. 分析市场现状

从适应症上看，华素片既治疗口腔病又治疗咽喉病，因此它参与咽喉类药品与口腔类药品两个产品类别的竞争。

咽喉类药品市场上，常见的药品有六神丸、四季润喉片、草珊瑚含片、桂林西瓜霜、武汉健民咽喉片、咽喉冲剂、含碘片、黄氏响声丸、国安清凉喉片等，它们凭借传统知名度（如六神丸）、广告知名度（如草珊瑚含片）和便宜的价格（如含碘片）而赢得了一部分市场份额。可见，咽喉类药品市场品牌众多，竞争激烈。

口腔类药品市场上，常见的药品有牙周清、洗必泰口胶、桂林西瓜霜，产品不算多，而且基本上没有知名度高的领导品牌；一些药物牙膏和口洁露等日化品也占据了一部分市场，但这些都处于市场补缺者的位置。

由于咽喉类药品市场上的草珊瑚含片和健民咽喉片等药品上市时间较长，广告投入较大，在消费者中认知度和指名购买率相当高。如果华素片进入咽喉类药品市场，面对的竞争对手很强，有可能位居其后，而且企业需要投入更大的广告预算才有可能改变它在竞争中的不利处境。然而，口腔类药品市场还没有形成有影响的品牌，很多口腔病患者有时尚需靠一些药物牙膏来辅助治疗。因此，在咽喉类药品市场竞争激烈，口腔类药品市场较松散、有空白的情况下，华素片的市场机会就是：定位于口腔药，主打口腔药品市场。

2. 竞争优势分析及目标市场的初步定位

了解了华素片面对的市场状况后，策划者还需要了解华素片的消费者，即它所治疗的适应症的患者。因为市场定位是针对消费者的，只有知道是什么人来买、为什么买、在什么地方买、是什么样的购买心理等信息，才能更深层地了解消费者的购买行为，使定位巧妙地进入消费者心中。这对定位策划来说也是至关重要的。

首先，经过调查发现，华素片的消费者并不是固定的一群人，各年龄层次的人都可能成为患者，其中成年人比例高，季节性变化大。一份对患者的抽样调查显示：患者重视疗效的占 93.4%，重视服药方便的占 67.6%，注重口感的占 40.3%。可见，患者选择药物的标准主要是疗效。

其次，要了解患者对口腔药的购买行为与心理。患者在关心自己生病的同时又不认为这是很严重的问题，所以对品牌的忠诚度并不高，他们很可能受广告或别人看法的影响而更换品牌。由于患者大多认为口腔病不是什么疼痛难忍、生死攸关的大病，因此他们不到无法忍受的程度一般不会自觉用药；而且患者在一般状态下不会有什么病痛反应，只在想说、想吃、想唱时才会有强烈的病痛感，因此他们普遍认为口腔病是很烦人的小病，希望尽快治好。

根据以上分析可以确定口腔病患者的购买行为，如图 2—1—5 所示，并由此确定华素片在目标市场的初步定位，如图 2—1—6 所示。

图 2—1—5　口腔病患者购买行为

图 2—1—6　产品初步定位

3. 确定市场定位

在分析了华素片的市场状况及患者的购买行为与心理之后，并结合华素片不仅能满足患者希望治好病的心理，同时还具有能尽快治愈的特点，华素片的定位就清晰可见了，这就是迅速治愈口腔病的口腔含片。

定位策略找到了，还得把它转变为与消费者沟通的语言。口腔病患者患口腔溃疡、慢性牙周炎或感染性口腔炎，都会有一种欲说不能、欲唱不成的感觉，也都会有小病烦人、想尽快治好的心理。华素片在沟通中做出了“快治人口”的承诺以及发出了“病口不治、笑从何来”的呼唤，终于“健步”走进患者心中。

经过一段时间的广告投放和测试表明，华素片的知名度由原来的 20.7%上升到 82.8%，66.6%的受访者认为华素片是治疗口腔炎症的良药。采用产品类别定位的方式定位于口腔类药品，同时结合产品功能定位，就是华素片策划的成功之处。

思考与练习

1. 简述市场定位策划的原则。
2. 简述市场策划定位的方式。
3. 简述市场策划沟通方案的确定。

任务 2　品牌策划

知识目标

➢ 掌握品牌策划活动的程序

➢ 掌握品牌设计的原则

➢ 掌握品牌定位的过程

能力目标

➢ 能运用品牌元素的构成、品牌资产的内涵和品牌建设的思路，进行品牌方案的规划

➢ 能运用品牌命名策划的方法

任务引入

当前，国内的服装市场已经进入了品牌竞争的年代，羊绒服装市场也不例外。羊绒服装市场的特征是行业与产品销售总量上升，但利润下降。具体表现为产品风格多样，

但竞争手段单一，由于降低价格等恶性竞争，导致行业与品牌在零售业的地位下降，竞争的后果必然是通过洗牌，迫使企业加快品牌全面升级的步伐。有专家预测，今后几年，羊绒内销市场必定将过渡到“完全品牌竞争阶段”，也就是说，竞争不仅局限于实体的产品、装饰、道具、陈列等方面，还将包括软体的战略、理念、服务、风格、文化等多种要素。事实上，许多知名企业已将品牌发展看成是开拓市场的优先战略，即创立属于自己的名牌产品，并把它作为一种开拓市场的手段，最终占领市场。作为一名营销策划人员，你将如何在羊绒市场上创立属于自己的品牌——SUN DIVINE，并进行品牌策划？

任务分析

品牌的缺失是中国羊绒服装业的致命伤。树立自己的国际知名品牌，已成为羊绒行业实现自强、铸就辉煌的唯一道路。第一，对目前品牌的市场状况和产品定位情况进行分析，企业应该以品牌打造核心竞争力；第二，在分析品牌定位的基础上，按照一定的原则对现有品牌进行定位策划；第三，进行品牌策划，从而建立良好的品牌美誉度和知名度，确立所创建羊绒品牌在国内服装市场的销售份额和品牌地位。

相关知识

一、品牌策划的概念及程序

1. 品牌策划的概念

品牌是商品的牌子，是用来识别卖方产品或服务的名称及标志，其目的是识别某个销售者或某群销售者的产品或服务，并使之同竞争对手的产品和服务区别开来。

品牌策划是通过在品牌上对竞争对手的否定来引导目标群体的选择，是在与外部市场对应的内部市场（心理市场）上的竞争。品牌策划更注重的是意识形态和心理描述，即对消费者的心理市场进行规划、引导和激发。品牌策划本身并不是一个无中生有的过程，而是把人们对品牌的模糊认识清晰化的过程。

2. 品牌策划的程序

为产品设计品牌标志和品牌名称是企业营销实践中经常遇到的问题。品牌策划是营销策划的重要组成部分，完整、规范、科学、有序的品牌策划活动包括五个步骤，如图 2—2—1 所示。

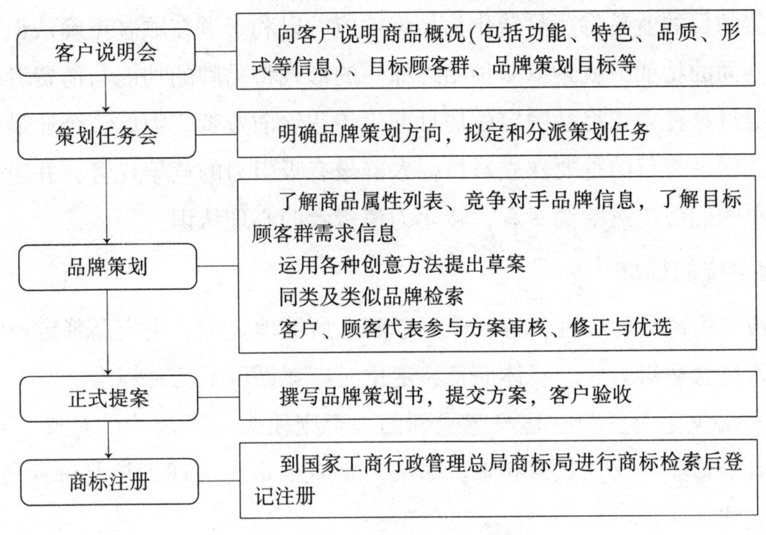

图 2—2—1　品牌策划活动程序

二、品牌定位

1. 品牌定位的概念

基于对定位的认识，人们认为品牌定位是建立一个与目标市场有关的品牌形象的过程和结果。换言之，即为某个特定品牌确定一个适当的市场位置，使商品在顾客的心中占领有利地位，当某种需要一旦产生，人们会先想到相应的品牌。

例如，在炎热的夏天感到口渴时，人们会立刻想起“可口可乐”红白相间的商标设计和流畅生动的书写字体，联想到它清凉爽口的味道；在计划购置一台计算机时，消费者会想到联想高质量的产品和优质高效的服务等。这些企业都以其独特的品牌形象在消费者心目中留下了深刻的印象，使消费者理解和认识了其区别于其他品牌的特征。

2. 品牌定位的过程

品牌定位和市场定位密切相关，品牌定位是市场定位的核心，是实现市场定位的手段。因此，品牌定位的过程也就是市场定位的过程，其核心是 STP，即细分市场（Segmenting）、选择目标市场（Targeting）和品牌的具体定位（Positioning）。它们之间的关系如图 2—2—2 所示。

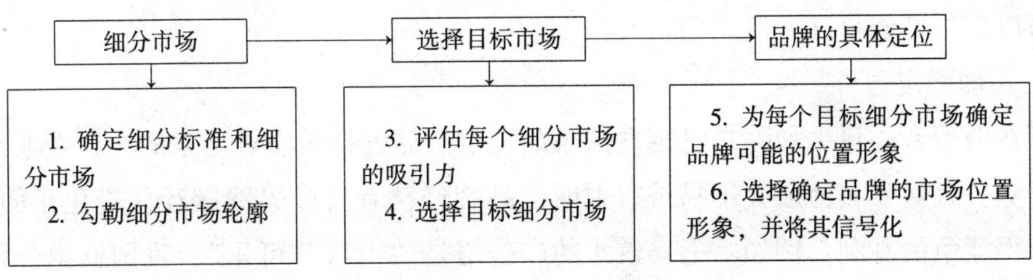

图 2—2—2　品牌定位过程

品牌定位的目的就是将产品转化为品牌效应，以利于潜在顾客正确认识。成功的品牌都有一个共同的特征，就是以一种始终如一的形式将品牌的功能与消费者的心理需要联接起来，通过这种方式将品牌定位信息准确传达给消费者。因此，企业最初可能有多种品牌定位，但最终目的是要建立对目标人群最有吸引力的竞争优势，并通过一定的手段将这种竞争的优势传达给消费者，转化为消费者的心理认识。

3. 品牌定位的标准

品牌定位要突出品牌个性，但并非可以随心所欲地定位。决定品牌定位时应依据一定的标准，否则会适得其反。具体而言，定位时应遵循以下几种标准。

（1）定位必须是消费者能切身感受到的，否则便失去了定位的意义。定位是要把品牌和消费者的想象、感觉联系起来，如果消费者根本无法理解该品牌所传达的信息，定位就是失败的。

（2）定位一定要以产品的真正优点为基础。产品是品牌的基础和依托，品牌的竞争优势是产品特点的延伸，名不副实的宣传定位会导致消费者的怀疑和企业的完全失败。

（3）定位一定要凸显竞争优势。“以己之长，攻彼之短”是我国古代的用兵谋略，在现代商战中也是一样，以自己的竞争优势占领市场是企业不变的法宝。

（4）定位要清晰、准确，不宜太过复杂。例如，IBM 公司很少强调其产品质量，而是以自己是一家服务性企业为诉求点，因此大多数消费者都认为 IBM 能使非专业的计算机操作人员觉得有保障。

4. 品牌定位策略

品牌定位策略多种多样，但企业常用的有以下五种。

（1）首席定位

即追求品牌成为本行业中领导者的市场定位。首席定位的依据是人们对第一印象最深刻的心理规律。例如，第一个登上月球的人，第一位夺冠的人，第一次的成功或失败等。尤其是在现今信息爆炸的社会里，各种广告、品牌多如过江之鲫，消费者会对大多数信息毫无记忆。据调查，一般消费者只能回想起同类产品中的七个品牌，而名列第二的品牌销量往往只是名列第一的一半。因此，首席定位能使消费者在短时间内记住该品牌，对以后的销售打开方便之门。

（2）加强定位

即在消费者心目中加强自己现在形象的定位。品牌是被设计出来的，当企业在竞争中处于劣势且对手实力强大不易被打败时，品牌经营者可以另辟蹊径，避免正面冲突，以期获得竞争的胜利。例如，七喜汽水的广告语是“七喜非可乐”；我国亚都公司恒温换气机则告诉消费者“我不是空调”；理查逊·麦瑞尔公司明知自己的产品不是“康得”和“特理通”的对手，所以，为自己的感冒药“奈奎尔”定位为“夜间感冒药”，有意告诉消费者，“奈奎尔”不是白昼感冒药，而是一种在夜间服用的新药品，从而取得了成功。

(3) 空档定位

即寻找被许多消费者所重视的、但尚未被开发的市场空间。任何企业的产品都不可能占领同类产品的全部市场，也不可能拥有同类产品的所有竞争优势。市场中机会无限，关键要看企业是否善于发掘。谁善于寻找和发现市场空档的能力强，谁就可能成为后起之秀。例如，露露集团开发的“杏仁露”植物蛋白饮料，就是成功的空档定位。

(4) 对地定位

即通过与竞争品牌的客观比较，来确定自己市场地位的一种定位策略。在市场经济发达的国家和地区，产品和品牌有成千上万种，企业要发现市场空档不是一件容易的事情。此时，企业要让自己的品牌在消费者心目中占有一席之地，只有设法改变竞争者品牌在消费者心目中现有的形象，找出其缺点和弱点，并用本企业品牌的优点和优势与其进行对比。在此过程中，使消费者树立对本企业品牌的信心，进而提高本企业在市场上的地位。

(5) 高级俱乐部定位

即强调自己是某个具有良好声誉的小集团的成员之一。当企业不能取得第一位或某种有价值的独特属性时，将自己和某一名牌划归为同一范围不失为一种有效的定位策略。美国克莱斯勒汽车公司宣布自己是美国“三大汽车公司之一”，使消费者感到克莱斯勒和前两名一样知名，从而缩小了与两大汽车公司之间的距离，同“七喜非可乐”一样收到了意想不到的效果。

三、品牌命名

品牌名称并非一个简单的称呼，它能以其自身蕴含的形象价值使产品获得特定的市场优势。品牌名称的成功与否，直接关系到一个品牌能否迅速地打开市场并持久地立足于市场。品牌名称策划既有一定的科学性，又具有较强的艺术性。对于一个企业来说，如果能给自己的产品起一个响亮的名字，对其参与市场竞争和创出名牌都会有极大的好处。

1. 按照品牌定位展开命名策划

品牌命名不单单是给某一产品取个名称，实际上，品牌命名是一种竞争，是品牌定位的表达方式。一个优秀的品牌名称要能够传达该品牌的市场定位，并因为其所具备的营销力量而参与这一品牌的市场竞争。因此品牌命名应以品牌定位为依据，并能体现这一定位所确定的营销目标。具体而言，可以按照以下定位思路展开命名策划。

（1）根据品牌的产品类别定位策划品牌名称

按照产品品类来认知品牌的消费者，购买产品时也是按照产品品类来选择品牌。因此，品牌命名应该优先表现品牌的产品类别属性，以便使消费者将品牌放入熟悉品类的概念范围中识别和记忆。联想为了打造国际品牌，将原来的英文品牌名称“Legend”改为“Lenovo”，就是因为“Legend”是一个单词，在其他国家辨识度差，所以重新创造了一个代表联想创新精神的词。

（2）根据品牌的目标消费者定位策划品牌名称

一个品牌走向市场参与竞争，首先要弄清自己的目标消费者是谁。品牌名称的策划应将这一目标对象形象化，并将其形象内涵转换为一种形象价值，从而使品牌名称能够直接表明其目标消费者。太太口服液中的“太太”两个字就直接表明这种口服液的消费者是那些“太太”们。同时由于“太太”这个词本身所包含的特有的中国传统文化中人物关系信息，使“太太”品牌无形中具备了一种文化分类，并因此使目标消费者产生亲切感。以“太太”作为目标消费者，并以“太太”作为品牌名称，既有利于启动这一品牌的传播，又具有定位功能及营销力量。

（3）根据品牌的物理价值定位策划品牌名称

消费者在消费一个品牌的一个产品时总能产生或期待产生某种切身的生理感受，这是品牌定位其物理价值的基础和依据。品牌命名也可以根据消费者的生理感受和品牌的物理价值定位来展开。“Coca-Cola”在美国命名时的依据是这种饮料倒入杯子中时发出的“咔嗒咔嗒”的响声以及这种响声给人带来的口感联想。而中文的“可口可乐”这一命名直指饮料消费者身心愉悦的感受，向人们展示了其品牌的产品属性，表达了品牌的产品类别定位。

（4）根据品牌的心理价值定位策划品牌名称

品牌的心理价值和情感形象被许多品牌作为市场定位及传播诉求的重要支点。根据品牌的心理价值和情感形象定位策划品牌名称，更能直接且有效地冲击消费者的心理和情感，从而具备直接的营销力量。田田珍珠口服液是女性美容保健品牌，由于“田田”这一品牌名称所隐含着“自然、清新、纯洁、健康、迷人、温柔”的心理价值与情感形象，从而对女性心理产生情感冲击。这种具有女性化特质的感性名称，对于消费者具有良好的沟通力量与消费暗示。

（5）根据消费者认知资源定位策划品牌名称

抓住消费者已经熟悉的概念、已经接受和建立的认知进行品牌命名，就能够直接利用这种概念与认知资源使品牌进入消费者的脑海。“孔府宴酒”就是把“孔子”“孔府”这个被世世代代为中国人所熟悉和尊敬的人物及其所包含的人文价值观念作为一种品牌名称的，这种命名方式非常易于被消费者认知和接受，并能迅速融入消费者的生活之中。

2. 通过名称测试筛选最佳命名

在经过品牌名称的内部评价和初步筛选以后，将备选的品牌名称进行市场测试，测试的对象主要包括目标消费者和营销专家。目标消费者测试主要评估品牌名称、语音、字型、语义及其在产品属性方面的理解度、接受度与偏好度。营销专家测试主要评估品牌名称营销层面的六大特性，即适合性、独特性、创造性、能动性、识别性和扩展性。适合性要求品牌名称对产品品类、功能、特征、利益、优点的概括恰如其分；独特性要求品牌名称与众不同、独一无二；创造性要求品牌名称能够使公众及消费者产生积极愉快的消费体验联想；能动性要求品牌名称能够表达品牌的核心价值，能够产生营销力量；识别性要求品牌名称既具有识别品牌属性和产品类别的作用又能够区别于同行品牌；扩展性要求品牌名称不仅符合目前的市场定位，还能适应未来市场与产品扩展的需要。

3. 通过注册查询保证命名合法有效

名称测试只能解决品牌命名语言和营销方面的问题，但无法解决品牌命名法律方面的问题。为此，需要进行商标注册查询，再好的品牌名称如果已被注册，那么只能选择放弃或者向持有人购买。如果没有被注册，就可以确定为正式的品牌名称并登记注册，从而取得品牌名称的合法地位和专有权利。

四、品牌设计

企业进行品牌设计的目的是将品牌个性化为产品形象，为了更好地实现这一目标，在进行品牌方案设计和实施时，应遵循以下原则。

1. 全面兼顾的原则

企业导入品牌战略会涉及企业的方方面面，因此品牌设计必须从企业内外环境、组织实施、传播媒介等方面综合考虑，以利于全面地贯彻落实。具体而言，就是说品牌设计要适应企业内外环境，符合企业的长远发展战略，在实施时具体措施要配套、合理，以免因为某一环节的失误影响到全局。

2. 以消费者为中心的原则

品牌设计的目的是表现品牌形象，只有被公众所接受和认可的设计才是成功的，否则，即使表现得天花乱坠也没有意义。以消费者为中心就要做到以下几点。

（1）准确进行市场定位

对目标市场不了解，品牌设计就是“无的放矢”。

（2）努力满足消费者的需要

消费者的需要是企业一切活动包括品牌设计的出发点和归宿，IBM 公司成功的最大奥秘即在于其一切以顾客为中心的企业理念。

（3）尽量尊重消费者的消费习俗

消费习俗是指消费者受共同的审美心理支配，一个地区或一个民族的消费者共同参加的群体消费行为。它是人们在长期的消费活动中沿袭而成的一种消费风俗习惯。它既是企业品牌设计的障碍，也是其机会。

（4）正确引导消费者的观念

以消费者为中心并不表明一切都迎合消费者的需要。企业坚持自身原则，科学合理地引导消费者是品牌设计的一大功能。

3. 实事求是的原则

品牌设计不是在空中建楼阁，而是要立足于企业的现实条件，按照品牌定位的目标市场和品牌形象的传播要求来进行。品牌设计要对外展示企业的竞争优势，但绝非杜撰或编排子虚乌有的故事。坚持实事求是的原则、不隐瞒问题、不回避矛盾，努力把真实的企业形态展现给公众，不但不会降低企业的声誉，反而更有利于企业树立起真实可靠的形象。

4. 求异创新的原则

求异创新就是要塑造独特的企业文化和个性鲜明的企业形象。为此，品牌设计必须有创新，发掘企业独特的文化观念，设计不同凡响的视觉标志，运用新颖别致的实施手段。日本电子表生产厂家为了产品在国际市场上战胜瑞士的机械表，在澳大利亚使用飞机把上万只表从空中撒到地面，好奇的人们拾起手表发现居然完好无损，于是对电子表的看法大为改观，其产品终于在国际市场上占有了一席之地。

5. 两个效益兼顾的原则

企业作为社会经济组织，在追求经济效益的同时，也要努力追求良好的社会效益，做到两者兼顾，这是一切企业活动必须坚持的原则，也是要在品牌设计中得到充分体现的原则。很多人认为，追求社会效益无非就是要拿钱出来赞助公益事业，是“花钱买名声”。其实不然，赞助公益事业确实有利于树立企业的良好形象，但兼顾经济利益和社会效益不仅止于此，它还要求企业在追逐利润的同时注意环境的保护、生态的平衡，在发展生产的同时注意提高员工的生活水平和综合素质，维护社会稳定，在品牌理念设计中体现社会公德、职业道德，坚持公认的道德准则。

五、品牌策略策划

品牌策略是企业营销活动策略的一项重要内容，常用的品牌策略见表 2—2—1。

表 2—2—1　品牌策略

品牌策略	策划内容
品牌保护策略	及时注册、类似品牌注册、跨行业品牌注册、国际注册
品牌有无策略	品牌化策略：没有品牌的产品开始使用品牌，如三餐缘馒头
	无品牌策略：营销活动中使用品牌策略，如超市销售的自产饮料
品牌使用策略	制造商品牌：使用生产者的品牌，如奇强洗衣粉 中间商品牌：使用销售者的品牌，如外贸公司出口的自有品牌产品 授权品牌：申请使用某知名品牌，如百圆裤业、双星球鞋
品牌统分策略	统一品牌：所有的产品用统一的品牌，如索尼 个别品牌：同一类中的各种产品使用不同的品牌，如卷烟产品 分类品牌：同类使用统一的品牌，不同类使用不同品牌，如李宁、健力宝 企业名称+个别品牌：如海尔小神童洗衣机 多品牌：同一种产品使用多个品牌，如海飞丝、飘柔、潘婷等
品牌延伸策略	纵向延伸：开发换代产品，延伸使用原品牌，如飘柔二代 横向延伸：将知名品牌延伸至其他类型产品，如娃哈哈纯净水

任务实施

针对羊绒服装的市场环境及现状，对该企业的品牌建设进行如下策划。

一、对国内羊绒衫品牌市场分析

1. 羊绒衫是朝阳产业

尽管现在市场上的羊绒服装所占比例不多，价格不菲，但是物有所值，且消费者对羊绒衫的保暖性、舒适性是有需求的，所以市场会长期存在。

2. 羊绒衫样式、颜色单一，定位狭窄

在相当长的时间里，多数羊绒服装色彩单调，又以深色系列为主，色彩层次不够丰富，面料组织结构设计变化少，图纹及服装款式设计缺乏创新意识和时尚元素的融入，故产品长年集中于以中老年人为主的中高档消费人群，致使消费群体狭窄。

3. 羊绒衫品牌发展新趋势——羊绒衫设计时尚化、年轻化

传统观念中，羊绒制品是一种高雅奢侈的产品，消费群体的年龄一般定位在30~50岁之间，但据有关服装行业专家预测，在未来的几年中，年轻的时尚人士会逐渐成为羊绒产品的消费者，羊绒产品应该求得面料的精选、常规性款式的突破，精心演绎最新概念的产品。

二、对 SUN DIVINE 品牌名称的理解

SUN DIVINE 中文译为“圣迪王”。在英语里面“Sun”是太阳的意思，代表温暖、柔美；“Divine”在英语中是神圣的意思，代表高贵、典雅。SUN DIVINE 的组合恰如其分地诠释了新时代女性所追求的美好性情和优质的羊绒制品带给消费者的享受。

SUN DIVINE 品牌从事一流的女式羊绒产品设计开发，将精湛的工艺技术、高品位的时尚概念、先进的营销管理体系、快捷的物流体系、系统的网络延伸扩张、完善的服务支持集于一身，而这些都将使之成为中国羊绒服装的优质品牌。

三、进行品牌定位

在进行品牌定位之前，需要对该品牌产品针对的消费者进行分析。

1. 消费心理特征分析

该品牌的消费者年龄层主要定位于 28~40 岁女性，她们的消费心理主要存在以下特征。

（1）注重商品的外表和情感因素

她们购买穿着类商品，包括服装、服饰、鞋帽、围巾等，对商品外观、形状，特别是其中表现的情感因素十分重视，往往在情感因素作用下，产生购买动机。这里产生情感的原因是多方面的，如商品品牌的寓意、款式色彩所产生的联想、商品形状带来的美感、环境气氛形成的温馨感觉等，都可以使她们产生购买动机，有时就会产生冲动性购买行为。

（2）注重商品的使用性和细节设计

由于这部分女性消费者在家庭中的地位及从事家务劳动的经验体会使她们更关注商品的实际效用，关心商品带来的具体利益。商品在细节之处的设计，往往更能博得女性消费者的欢心。

（3）注重商品的便利性

年龄段在 28~40 岁的大部分消费者既要工作，又要做家务，所以迫切希望减轻家务劳动量，缩短家务劳动时间，以更好地娱乐和休息。为此，她们对日常消费品的方便性有更强烈的要求。每一种新的、能减轻其家务劳动的消费品，她们都乐意接受，并愿意首先尝试。

（4）有较强的自我意识和自尊心

这些女性消费者有较强的自我意识和自尊心，对外界事物反应敏感。她们往往以选择眼光、购买内容及购买标准来评价自己和别人，希望自己的购买最有价值、最明智，

对别人的否定见解不以为然。因此，在购买活动中，销售人员的表情、语言、广告宣传及评论都会影响她们的自尊心，进而影响消费行为的实现。

2. 进行目标消费者定位

年龄定位：28~40 岁的高收入女性。

职业背景：企业高管、大专院校教师、设计师等社会群体中的知识型、技术型、艺术型女士等。

收入水平：5 000~15 000 元/月。

生活态度：她们是有品位的女人，因为她们会打扮，要求穿着一定要适合自己；她们健康、快乐，爱惜自己，心态年轻；她们学识高，喜欢用智慧武装头脑，坚守着属于自己的思想与格调；她们往往思维清晰，眼光独到，在人格与文化之间张弛有度，有着独特的审美；她们喜欢追逐格调和品位，对高档时装情有独钟。

四、制定品牌策划内容

1. 明确品牌风格

SUN DIVINE 品牌风格：将性感活力和优雅高贵完美结合，不但把女性的妩媚与娇贵体现得淋漓尽致，更让穿着者感受到自由舒适的艺术气息，体会高级羊绒所带来的穿着享受，处处体现艺术特质和休闲精神。

2. 抓住产品设计特点

追求浪漫、自由的设计理念，以高雅、性感、时尚为主线，并适当配置流行元素。最重要的是考虑羊绒服装的特质，增加现代文化元素的设计分量。工艺细节上采用高级羊绒生产所运用的加工方式，讲求用精良制作来表现女人的优雅高贵和性感时尚。

色彩特征：单纯、知性、大气的黑白灰三色为主打色。另外还有明亮、清新的色彩点缀。如喜庆的大红色、感性的植物色、怀旧的古朴色、浪漫的紫色……在搭配上具有宽泛的自由度和联想空间。有的用纯而不俗的明快黄色和橄榄色，再融入休闲元素，显得活泼轻快，符合本品牌的精致化特色。

3. 品牌价位设计与产品比例

羊绒衫（60%）：长款 1 200 ~ 3 000 元，短款 800 ~ 2 200 元；羊绒裤（30%）：600 ~1 800 元；围巾、披肩、手套、帽子等（10%）：300 ~1 000 元。

4. 品牌服务设计

以市场为导向，为顾客提供优质的服务；以产品为核心，将质量视作企业的生命；以文化为灵魂，用设计为产品创造价值；以诚信赢未来，树立优秀现代企业典范。

思考与练习

1. 简述品牌定位的过程。
2. 简述品牌设计的原则。

模块三　营销调研策划

知识目标

- 掌握营销调研策划的主要内容
- 掌握营销调研的常用方法
- 掌握营销调研策划书的格式
- 掌握营销调研问卷的书写方式

能力目标

- 能设计营销调研的内容，选择营销调研的方法
- 能制定切实可行的营销调研策划方案，有效保证营销调研策划的实施

任务引入

在中国市场，A公司凭借其强大的品牌运作能力以及资金实力，经过二十多年的经营，成为了洗发产品市场的领头羊。其著名的RP品牌自1989年10月进入中国以来就迅速成为市场上领先的洗发水品牌之一。A公司旗下有五个洗发水品牌，占有庞大的洗发水市场。但随着市场竞争的加剧，局势慢慢发生了变化，B公司强势跟进，SZ、LA等多个洗发水品牌从A公司手中夺走了不少市场份额。C公司旗下品牌AN和SL占据了中端市场，而低端的市场则归属了D公司、E公司和F公司等后起之秀。至此，中国洗发水行业呈现了一个典型的金字塔形品牌格局。通过市场细分，H公司于2012年推出HW洗发水，在药品和洗发水两个行业找到了一个结合点。该公司为了提高在中国重点城市中的占有率，并为今后的营销发展计划提供科学的依据，准备在全国范围内的重点城市进行一次专项市场营销调查。

请根据上述情况，基于HW这款产品做一个营销调研策划。

任务分析

营销调研策划实际上是一系列判断与选择的过程。为了解决某一类型的决策问题，

需要按照市场调研的程序，一步一步地对收集和分析资料的方法加以选择和限定。

做一个切实可行的营销调研策划是本次任务的目标，要完成这个目标，需要先了解营销调研策划的内涵及流程，然后结合任务的实际情况进行营销调研策划，最终以书面形式呈现本次营销调研策划的成果。

相关知识

一、营销调研策划的内涵

营销调研是发现和提出企业营销的问题与需求，从而系统、客观地识别、搜集、分析和传播信息，最后达到提高与修正企业营销决策目的的过程。

营销调研策划也称调研设计，是指在市场调研中，企业组织人力、物力和智力资源，运用科学的方法，有目的、有计划地搜集、整理和分析与企业相关的信息、数据或资料，选择适当的研究方法和研究内容，为系统规划、设计和指导市场调研工作做出的谋划和安排。简单地说，营销调研策划是为搜集数据或资料而选择研究方法和研究内容的决策过程。营销调研策划的目的是使信息价值尽可能大于信息成本。营销调研策划的内涵可以从以下几个方面理解。

1. 它是一系列特定方法和内容的选择过程，包括决策获得信息的特征、资料的搜集方法、测量方法、被测量对象的特征、资料的分析方法等。

2. 资料是为了帮助解决特定决策问题而搜集的，因此，营销调研所搜集的资料最终都要与解决的决策问题相关。

3. 信息是有价值的。一方面，信息能够帮助改进决策的制定过程，并且能够带来经济效益；另一方面，若信息是自己搜集的，则要花费一定的人力、财力、物力，若是由外部得来的，则往往需要购买。

4. 营销调研的目的并不是为了获得尽可能多的信息，而是为了使信息的价值与获得信息的成本之间的差最大，也就是说，营销调研的目的是为了以特定的费用获得尽可能准确的信息。

二、营销调研策划的流程与内容

营销调研策划是市场营销调研的前期准备工作，作为正式开展市场营销调研工作的整体规划，营销调研策划主要从以下几个方面展开（见图 3—1）。

1. 识别营销调研问题和确定营销调研目的

市场千变万化的同时又具有一定的时间与空间上的稳定性，包括企业内部的因素和

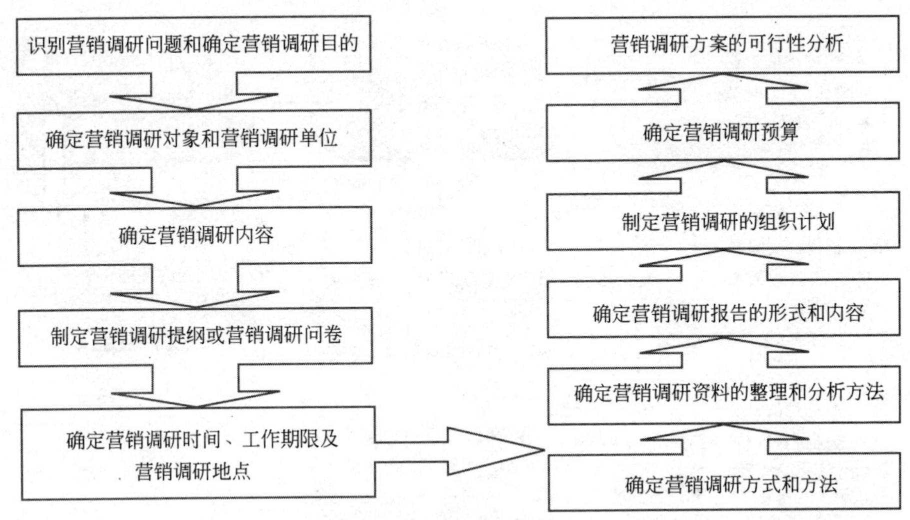

图 3—1　营销调研策划流程图

企业外部的因素两个方面。因此一个企业要做到了解市场内外因素的变化，只有对市场情况进行必要的了解，才能制定出恰当的企业经营战略决策。明确营销调研问题即明确本次调研的目的。只有了解并掌握问题所在，才能事半功倍。

在分析调研问题时，可以从以下几个方面来进行。

（1）分析企业现状，企业目前面临的市场问题是什么，以及发现此类问题应采取的相应措施。

（2）发现潜在问题，这种问题难以发觉，需要通过细致的观察与分析才能找到。

（3）策划新市场时应预测可能遇到的问题。

（4）在众多影响市场的问题中，哪些值得分析。

（5）企业希望的未来市场。

企业确定营销调研问题的一般流程如图 3—2 所示。

2. 确定营销调研对象和营销调研单位

确定了营销调研的目的之后，就要确定营销调研对象和调研单位，这主要是为了解决向谁调研和由谁来具体提供相关资料的问题。确定调研对象是十分必要的，因为若调研对象扩大，可能带来与调研目的不相符的资料；反之，又可能使资料搜集不全，不能说明问题。调研对象是根据营销调研的目的和任务确定调研的范围及所调研的总体，它由某些性质上大体相同的调研单位组成。调研单位是指所要调研的社会经济现象总体中的个体，即调研对象中的某一个具体单位，它是调研中要调研登记的各个项目的承担者。可见，需要根据不同的调研目的来确定不同的调研对象和调研单位。例如，位于成都的大学中，消费某种牛奶品牌的大学生是一次调研中的调研对象，而被抽样的 N 所大学中的 1 000 名大学生则是这次调研的单位。

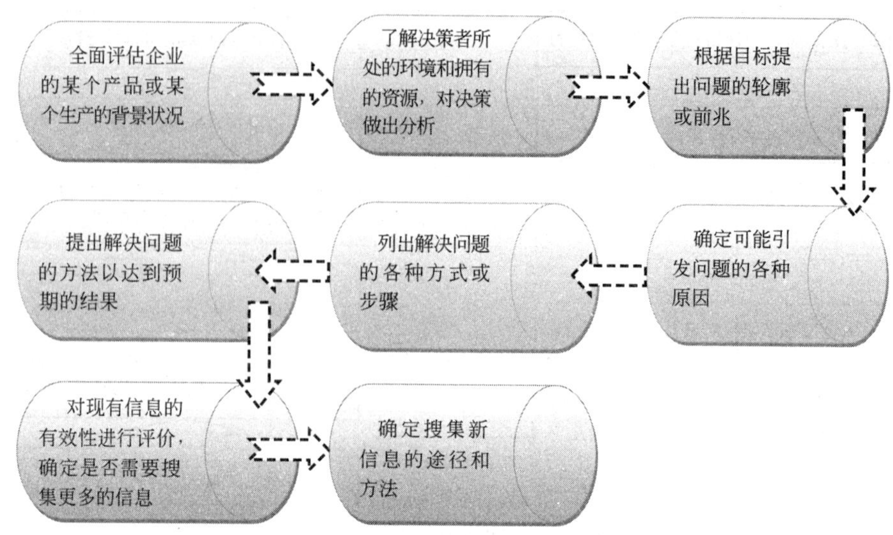

图 3—2　确定营销调研问题流程图

3. 确定营销调研内容

确定调查单位所要调查的主要内容就是要明确向被调查者了解什么问题。一般从企业营销环境调研、消费者调研、市场竞争状况调研和市场营销要素调研四个方面内容来进行。

（1）企业营销环境调研

1）政治环境调研。政治环境指企业市场营销的外部政治形势。

2）经济环境调研。企业经营的成功与否与周围的经济环境密切相关，因此要对经济环境调研。调研的内容主要包括经济发展水平、经济结构、消费模式、消费结构的变化、货币及信贷政策等方面。

3）法律环境调研。法律环境指国家或地方政府颁布的各项法律、法规和条例等。法律环境对市场消费需求的形成和实现具有一定的调节作用。企业研究并熟悉法律环境，既可保证自身依法管理和经营，也可运用法律手段保障自身的权益。

4）技术环境调研。科学技术是第一生产力，对经济发展有巨大影响。科学技术不仅直接作用于企业内部的生产和经营，还与其他环境因素相互依赖、相互作用，共同带动企业经营活动的发展。

5）文化环境调研。文化作为一种适合本民族、本地区、本阶层的是非观念，深刻地影响着消费者的行为，进而影响到这一市场的消费结构、消费方式，并使生活在同一个文化圈里的人们的个性具有很多相同的特征。

6）人口环境调研。在一些市场经济比较发达的国家和地区，市场所在地的人口环境调研被认为是市场调研的首要因素。

7）自然环境调研。自然环境包括地理、气候、资源、能源等要素。企业要不断地通过调研，了解并掌握自然环境的变化，以适应企业的发展战略。

（2）消费者调研

消费者需求是企业一切活动的中心和出发点，消费者调研是市场营销调研最重要的内容。消费行为包括了目标消费者对产品的购买到使用的一系列过程中经常采用的方式，如通常的了解途径、主要的获取方法、关键性的影响因素、习惯的使用方式等。消费者调研的内容及内容说明见表3—1。

表3—1　　消费者调研的内容及内容说明

消费调研的内容	内容说明
消费者数量与分布研究	包括现有消费者和潜在消费者的数量、构成与区域分布状况
消费者基本特征研究	主要按年龄、性别、职业、民族、文化程度、城乡等标准或标志来研究不同消费群体的特点及其需求差异
消费能力与水平研究	主要研究消费者的人均收入、人均生活费用支出、购买力水平、购买力投向（消费结构）、购买商品的数量及其要求等
消费者购买动机研究	主要研究消费者的消费目的与用途、购买习惯、消费倾向、消费嗜好、消费预期等
消费者购买行为研究	主要研究消费者的消费决策，购买什么、购买多少、何时购买、在何处购买、由谁购买、如何购买等
消费者满意度研究	主要研究消费者对产品、服务和广告的认知程度，研究消费者对产品的质量、功能、性能、外观、包装、价格和售后服务等要素的满意度，研究消费者对企业形象的评价等

（3）市场竞争状况调研

企业仅仅了解消费者的需求是不够的，还必须了解自己的竞争对手。从某种意义上讲，了解竞争者是现代企业经营管理的重中之重，是企业选择营销战略和策略的先决条件。因此，市场竞争状况调研正在成为企业最为关注的调研内容之一。市场竞争状况调研内容包括竞争对手调研和企业优劣势分析两个主要方面，如图3—3所示。

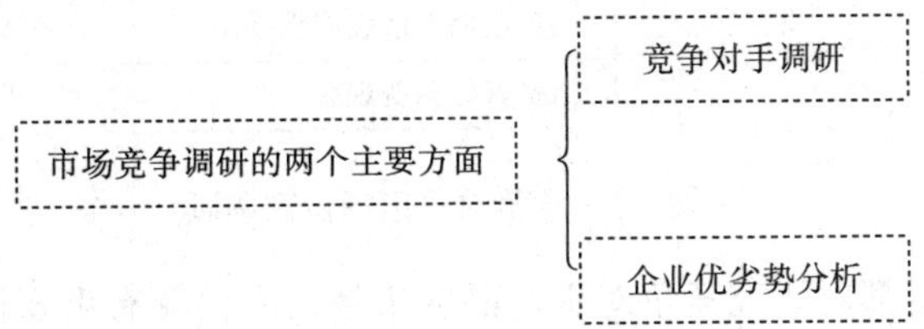

图3—3　市场竞争状况调研内容

1）竞争对手调研。首先要确认竞争对手。竞争对手主要是指与调研企业生产和经营同规格、同种、同类产品和服务，并以同一地区为经营地域的厂家和商家。另外，有些产品和服务的生产和经营厂家与商家，似乎与本企业不在同一行业、同一产品线、同一经营地域运作，表面上没有竞争关系，但其产品和服务的自然发展，包括横向发展和纵向发展，将可能生产和经营本企业的替代产品和服务，这也是一种竞争关系，这样的企业也是竞争对手。确认主要竞争对手之后，调研应主要从竞争对手的基本情况和营销战略两个方面来开展。

①竞争对手的基本情况调研（见图 3—4）。

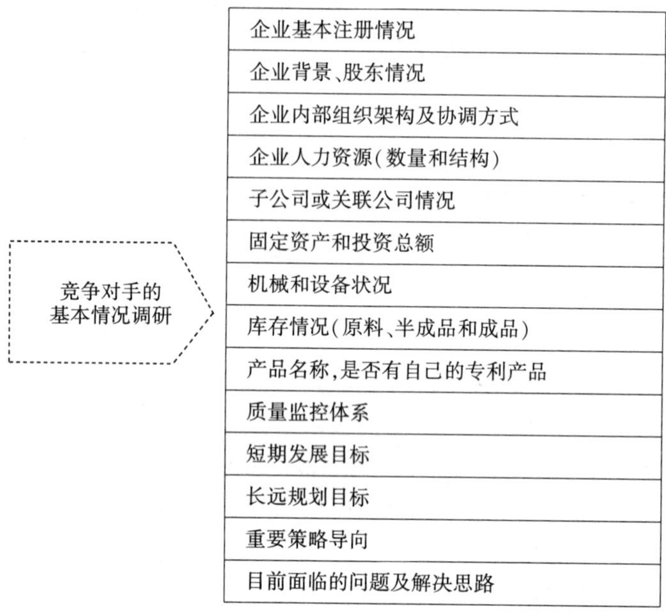

图 3—4　竞争对手的基本情况调研

②竞争对手营销战略调研。

a. 竞争对手市场份额调研（见图 3—5）。

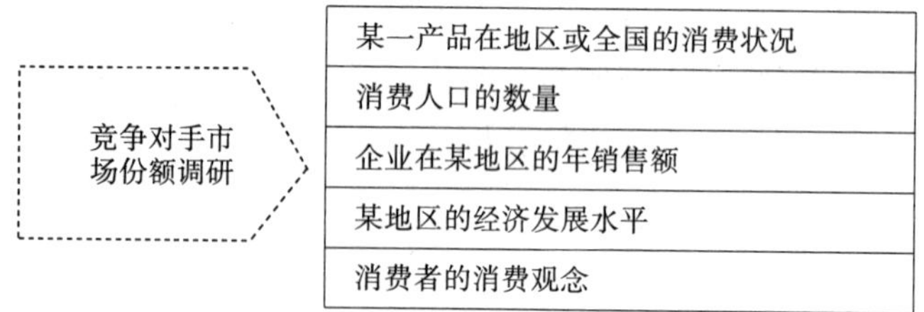

图 3—5　竞争对手市场份额调研

这些数据的分析都对研究竞争对手产品的市场占有份额有重要作用。

b. 竞争对手产品方针调研（见表 3—2）。

表 3—2　竞争对手产品方针调研

调研内容	具体说明
产品范围	主要原材料供应商情况
产品结构	主要原材料价格变动承受能力情况

续表

调研内容	具体说明
产品开发情况	竞争对手是否在系统地开发新产品，新产品的开发活动是如何组织的，是否依据产品经营方针策划开发战略
产品的优缺点	竞争对手的产品设计和产品包装有何特点
产品的质量认证	竞争对手的产品质量方面是否会出现某些变化
产品的价格	价格比行业平均水平高还是低
主要产品的产量（月/年）	技术引进及采用新技术情况
产品近三年有何变化（改进）	新产品研发情况
生产线及其生产能力	生产能力

获得了这些方面的信息，就可以描绘出一幅竞争对手如何实现产品经营目标和策略的令人信服的图景。

c. 竞争对手广告活动分析（见图 3—6）。

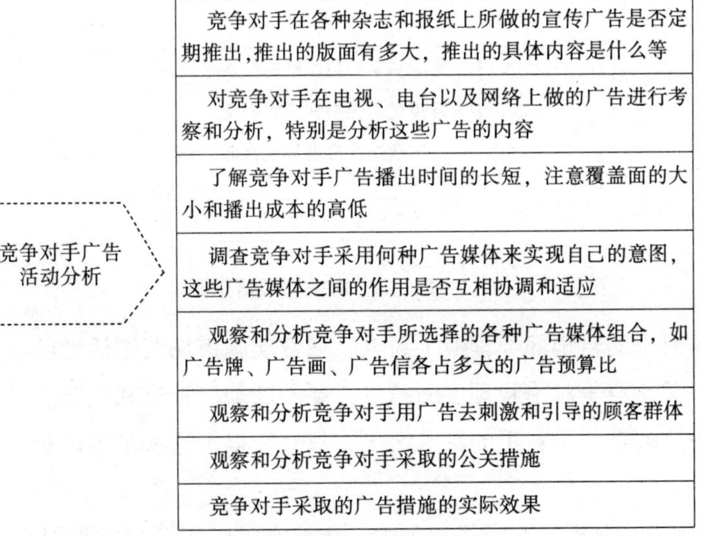

图 3—6　竞争对手广告活动分析

d. 竞争对手分销方针调研。在对竞争对手进行调研时，企业必须有目的地搜集竞争对手的分销方针方面的信息，如图 3—7 所示。

利用获得的分销方针信息时，应尽可能完整无误地描绘出竞争对手所追求的分销目标和策略的全貌。

e. 竞争对手管理信息调研。

在对竞争对手的调研中，至关重要的是要注意搜集竞争对手的管理信息，特别是市场营销管理方面的信息，通过这些信息能说明竞争对手营销活动的组织和项目实施情况。这方面的重要信息包括的内容如图 3—8 所示。

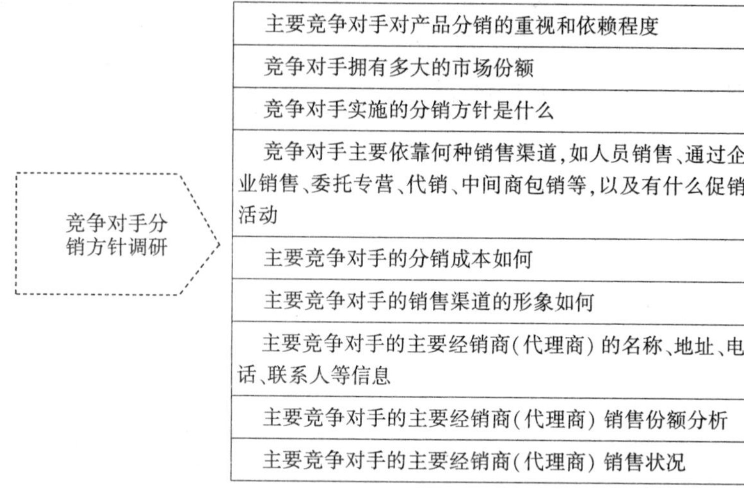

图 3—7　竞争对手分销方针调研

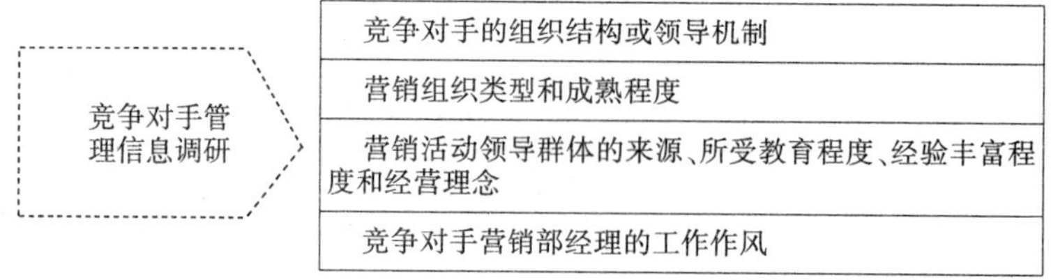

图 3—8　竞争对手管理信息调研

如果竞争对手的营销部经理换了新人，通常实施市场营销活动的作风也会发生相应变化。所以，关于竞争对手管理层的信息，要不断加以补充和更新。

要掌握每个潜在竞争对手的基本情况，只有获得了这些基本信息，才能揭示竞争对手的特征。

2）企业优劣势分析。在市场竞争中，企业必须运用调研数据对自己和竞争者的优势与劣势进行分析，只有深入分析，才能做到知己知彼，才能有针对性地制定正确的市场竞争战略，以达到避其锋芒、攻其弱点、出其不意的效果，利用竞争者的劣势来争取市场竞争的优势，从而实现企业营销目标。企业优劣势分析（SWOT 分析）的步骤如图 3—9 所示。

（4）市场营销要素调研

1）产品调研。对提供产品的任何一个企业来说，它的产品不论采用什么形式，都必须符合消费者的需要，并且促使消费者以最快的速度接受自己的而不是竞争对手的产

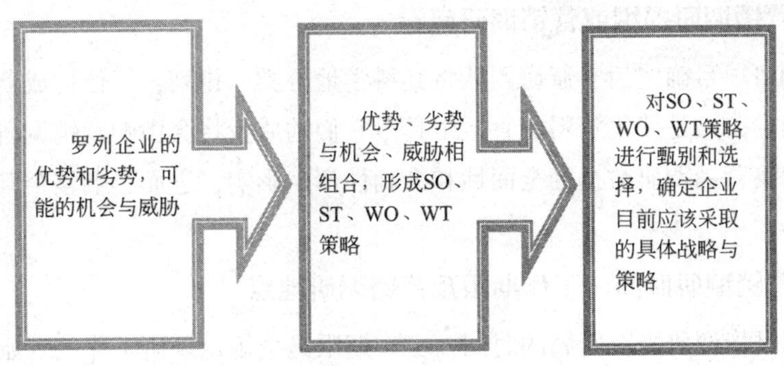

图 3—9 企业优劣势分析

品。为了做到这一点就需要对有关产品的许多方面进行调研，包括对产品实体、产品包装、产品使用价值和产品市场生命周期的调研等。

2）价格调研。产品定价是企业可控因素中最活跃、最敏感、最难以有效控制的因素，也是决定企业产品市场份额和盈利能力的最重要因素之一。企业的产品定价适当与否关系到产品能否顺利地进入市场，关系到产品的生产数量、市场占有率和利润的多少以及企业产品与企业形象的好坏。然而，产品定价又不完全是企业单方面决定的，它涉及消费者和经销商的利益，受到市场供求状况、竞争产品价格以及其他各种社会环境因素的影响和制约。因此，企业在为产品定价或调整价格之前，进行价格调研是完全必要的。

3）分销渠道调研。分销渠道是产品从生产者向消费者或用户转移过程中经过的通道，是企业产品通向市场的生命线，是企业的巨大财富与无形资产。分销渠道策略是营销活动的重要组成部分之一，好的分销渠道可使产品及时、安全、经济地经过必要的环节和路线，以最低的成本、最短的时间实现最大的价值。因此，分销渠道的调研也是营销调研的一项重要内容。分销渠道调研的内容一般包括渠道类型的调研和渠道成员的调研等。

4）促销调研。促销是营销者与购买者之间的信息传递与沟通活动。促销的目的是激发消费者的购买欲望，影响和促成消费者的购买行为，扩大产品的销售，增加企业的效益。促销调研就是对企业在产品（或服务）的促销过程中所采用的各种促销方法的有效性进行测试和评价。促销调研的内容一般包括促销手段的调研和促销策略的可行性调研等。

5）服务调研。在当今，众多产品都处于买方市场的环境下，市场竞争越来越激烈，服务已成为许多企业获得竞争优势的手段，而消费者也越来越重视企业关于产品的服务，尤其是大件产品和技术性较强的产品。服务的手段和方式多种多样，而不同的消费者对不同的服务有不同的要求。这就要求企业必须进行服务方面的调研，有的放矢，针对不同的消费者和不同的产品，实施不同的服务项目，应用多种多样的服务手段。

4. 制定营销调研提纲或营销调研问卷

在营销调研项目确定后，调研团队将其科学地分类、排列，以便构成营销调研提纲或营销调研问卷。这是搜集资料的直接工具，它们的质量将会影响营销调研问卷的回收率，也会对搜集营销调研数据的全面性和准确性产生影响，进而影响整个营销调研活动的结果。

5. 确定营销调研时间、工作期限及营销调研地点

调研时间是指调研资料所属的时间。工作期限是指规定调研工作的开始时间和结束时间。调研人员应该制定一份调研计划实施的时间进程表，这对于提高调研的工作效率、节约经费开支大有裨益。时间表的制定要遵循两个原则：考虑全面和留有余地。

在调查方案中，还要明确规定调查地点。调查地点与调查单位通常是一致的，但也有不一致的情况，当不一致时，就有必要规定调查地点。例如，人口普查规定调查登记常住人口，即人口的常住地点。若登记时不在常住地点或不在本地常住的流动人口，均须明确规定处理办法，以免调查资料出现遗漏和重复。

6. 确定营销调研方式和方法

在营销调研方案中，调研团队应事先确定采用何种调研方式和方法取得调研资料。营销调研方式是市场调研活动的组织方式，一般包括市场普查、重点调研和抽样调研。营销调研的基本方法主要采用调查法、观察法和实验法。

7. 确定营销调研资料的整理和分析方法

采用实地调查方法搜集的原始资料大多是零散且不系统的，只能反映事物的表面现象，无法深入研究事物的本质和规律，这就要求对大量原始资料进行加工汇总，使之系统化、条理化。目前这种资料处理工作一般由计算机进行，这在设计中也应予以考虑，包括采用何种操作程序以保证必要的运算速度、计算精度及实现特殊目的。

8. 确定营销调研报告书的形式和内容

主要包括报告书的形式和份数、报告书的基本内容、报告书中图表量的大小等。

9. 制定营销调研的组织计划

营销调研的组织计划，是指为确保实施调研的具体工作计划，主要包括营销调研的组织领导、调研机构的设置、人员的选择和培训、工作步骤及其善后处理等。必要时，还必须明确规定调研的组织方式。

10. 确定营销调研预算

营销调研的费用会因项目的不同而不同，但无论何种调研，调研费用问题总是十分重要且难以回避的。因此，调研费用的预算也是营销调研方案的内容之一。通常一个市场调研的费用预算如下。

（1）计划准备阶段，费用安排占总预算的 20%。

（2）实施调研阶段，费用安排占总预算的 40%。

（3）分析报告阶段，费用安排占总预算的 40%。

因此，制定预算时，必须全面考虑各个不同阶段的费用支出，可以依据抽样设计和资料采集方法列出调研过程中各个费用支出的金额，再求总费用。

11. 拟定和撰写营销调研策划方案

（1）拟定营销调研方案

拟定调研方案的过程就是营销调研策划，主要涉及确定具体调研项目、选择调研类型、确定调研方法、设计抽样方案、估算调研经费、制定调研计划、制定调研进度表、完成调研提案等。

1）拟定营销调研方案的意义。

①营销调研方案是统一所有相关人员认识的有力工具。

②营销调研方案是使整个调研工作统筹兼顾、统一协调的有力保障。

③营销调研方案是实现定性认识和定量认识有机结合的重要手段。

2）拟定营销调研方案的原则。

①科学性原则。营销调研方案必须科学合理，否则容易失败并造成损失。

②可行性原则。设计营销调研方案必须依据实际情况，不仅要科学，而且要具有可行性。

③有效性原则。在一定的经费约束下，调研结果的精度可以满足研究目的的需要。

（2）营销调研方案的撰写

1）营销调研方案设计的内容。市场调研方案有两个方面的作用：一是用来提供给雇主即调研委托方审议检查之用，以作为双方的执行协议；二是用来作为市场调研者实施执行的纲领和依据。一个完整的营销调研策划方案，主要内容一般包括以下六个部分（详见任务实施）。

①前言部分（调研背景）。简明扼要地介绍整个营销调研课题出台的背景原因。

②营销调研的目的和意义。较前言部分稍微详细点，应指出项目的背景、想研究的问题和可能的几种备用决策，指明该项目的营销调研结果能给企业带来的决策价值、经济效益、社会效益以及在理论上的重大价值。

③营销调研内容和范围的界定。指明营销调研课题的主要内容，规定必需的信息资料，开列出主要的营销调研问题和相关的理论假说。明确界定此次营销调研的对象和范围。

④营销调研将采用的方法。指明所采用的研究方法的主要特征、抽样方案的步骤和

主要内容、所取样本大小要达到的精度指标、最终数据采集的方法和调研方式、调研问卷的设计思路和表现形式以及数据的处理和分析方法等。

⑤营销调研进度和有关经费开支预算。计划应该有一定弹性和余地，以应对可能的意外事件带来的影响。

⑥附件部分。列出营销调研课题负责人及主要参与者的名单，并可简单介绍一下团队成员的专长和分工情况，指明抽样方案的技术说明和细节说明、调研问卷设计中有关的技术参数、数据处理方法和所采用的软件等。

2）撰写营销调研方案策划报告时应注意的问题。

①一份完整的营销调研方案策划报告，上述六个方面的内容均应涉及，不能有遗漏。

②具体格式方面，如编辑排版上，本任务提供的范本并不是唯一的。中间内容可以适当合并或进一步细分。总之应根据具体的案例背景加以灵活处理。

应该特别指出的是，营销调研策划报告方案设计的书面表达非常重要。一般来说，策划书的起草与撰写应由课题的负责人来完成。

12. 营销调研方案的可行性分析

营销调研方案不是唯一的，需要从多个方案中选取最佳方案。同时，营销调研方案的设计也不是一次就能完成的，需要通过必要的可行性分析与评价，再对方案进行试行和修改，这是使营销调研方案具有科学性、实效性的必经步骤。

对于一个调研方案的优劣，可以从以下几方面进行评价。

（1）方案设计是否体现了调研目的和要求。

（2）方案是否科学、合理、完整和适用。

（3）方案设计能否提高调研质量。

（4）调研实效检验，即通过实践检验评价调研方案。

任务实施

针对任务引入的案例结合所讲授的知识进行具体分析，任务具体实施如下：

1. 识别营销调研问题和确定营销调研目的

分析 H 公司现状可知，H 公司目前面临的问题是市场竞争激烈，要想在市场中获得一席之地，必须策划新市场，H 公司决定在药品和洗发水之间找到新的商机。从本任务所给出的材料中可以看出，提高 HW 在全国重点城市的占有率是本次营销调研任务的主要目的之一。除此之外，本次营销调研工作的其他主要目的还包括以下几点。

（1）分析 HW 洗发水前期的营销计划（包括其销售渠道、媒体投放、产品终端和产品情况）以及消费者的产品期望，明确自身的优势和劣势以及面临的机会和威胁。

（2）了解消费者对于去屑洗发水的认知程度，探察其对于去屑洗发水的接受程度。

（3）了解产品的知名度以及美誉度，确定今后营销计划的重点。

2. 确定营销调研对象和营销调研单位

因为本次调查是针对其前期的营销计划实施情况的一个反馈，所以在样本定义时应遵循以下原则：一是样本要有广泛的代表性，以期能够基本反映消费者对于 HW 洗发水的看法以及能反映 HW 前期营销计划的实施情况；二是样本要有针对性。由于 HW 属于日用品，而且它主要是针对有头屑的人，且价格较高，所以就需要消费者有一定的购买和支付能力。因此，此次调查主要是针对有使用经验的人，且主要在全国的重点城市做调查。基于以上原则，建议采用如下标准甄选目标被访者。

（1）20~45 周岁的城市居民。

（2）本人及亲属不在相关的单位工作（如市场调查公司、广告公司或洗发水行业等）。

（3）在过去的六个月内未接受或参加过任何形式的相关营销调研。

3. 确定营销调研内容

确定营销调研内容一般是从企业营销环境调研、消费者调研、市场竞争状况调研和市场营销要素调研四个方面内容来进行。根据上述研究目的，可以确定本次调研的内容主要包括：

（1）企业营销环境调研

本次企业营销环境调研主要包括政治环境调研、经济环境调研、法律环境调研、技术环境调研、文化环境调研、人口环境调研和自然环境调研。

（2）消费者调研

分析 HW 洗发水的前期营销计划（包括其销售渠道、媒体投放、产品终端和产品情况）以及消费者的产品期望，明确其自身的优势和劣势以及面临的机会和威胁。

首先，主要是针对其营销计划进行全面的分析，从而为其今后的营销计划提供科学的依据。本部分所需的主要信息点有：

1）消费者对于 HW 洗发水的使用情况——是否使用过、满意度以及对于产品的哪方面更加满意。

2）HW 在前期营销计划的情况了解——怎么知道 HW 的，通过什么渠道购买到 HW 的，是否遇到买不到 HW 的情况，使用 HW 之后的感觉，以及需要对产品进行改进的地方。

3）消费者对于去头屑知识的认知。

其次，了解消费者对于去屑洗发水的认知，探察其对于去屑洗发水的接受程度。本部分旨在了解消费者的观念以及对 HW 前期的推广深入程度做一个调查。

最后，了解产品的知名度以及美誉度，确定今后营销计划的重点。本部分主要是对产品前期的销售宣传等向消费者所传达的信息的一个反馈。主要信息点有：

1）对于 HW 的了解程度——是否知道以及是否使用过。

2）对于 HW 印象的评价（五分法）。

此外，还将搜集包括消费者的年龄、性别、收入、职业以及消费者的发质在内的背景资料以备统计分析之用。

（3）市场竞争状况调研

市场竞争状况调研主要从竞争对手调研和企业优劣势分析两方面来进行。

1）竞争对手调研。通过分析，在本任务中，HW 的竞争对手包括 A 公司、B 公司、C 公司、D 公司、E 公司和 F 公司等。

2）企业优劣势分析。通过 SWOT 分析来得出企业的优劣势：本任务 HW 的竞争优势（S）在于寻找到了新的细分市场——药品与洗发水相结合。竞争劣势（W）在于 HW 起步较晚，中国洗发水市场已经趋于成熟，品牌竞争力弱。H 公司面临的潜在机会（O）在于产品细分市场的竞争对手少。H 公司面临的外部威胁在于产品技术易被模仿，易被替代品抢占市场销售额。

通过分析，H 公司在现有的内外部环境下，利用药品和洗发水这种新的结合点迅速打开市场、占领市场是首要任务。

4. 制定营销调研提纲或营销调研问卷

在营销调研项目确定后，调研团队将其科学地分类、排列，以便制定调研提纲或调查问卷，本任务调研问卷见附件。

5. 确定营销调研时间、工作期限及营销调研地点（自确定之日起）（见表 3—3）

表 3—3　　确定营销调研时间、工作期限及营销调研地点

	一月一周	一月二周	一月三周	一月四周	二月一周	二月二周	二月三周	二月四周
方案与问卷设计								
问卷试访								
调查实施								
数据处理								
报告撰写与发布								

在调查方案中，还要明确调查地点，本任务中调查地点拟放在北京、上海、广州、长沙、成都、南京、西安等重点城市来进行。

6. 确定营销调研方式和方法

本任务采用的主要调研方式是抽样调查；主要的调查方法是调查法，包括人人访问法和电话调查法。任务的数据搜集方法如下。

（1）设计问卷。问卷答题时间控制在10分钟左右，问卷经双方商讨确定之后正式启用。

（2）问卷抽样方法。在北京、上海、广州、长沙、成都、南京、西安七个城市中各选择400人作为调查对象。在每个城市的电话簿中随机选择400个号码，打电话核实受访者。在不断淘汰受访者的情况下，经过多次随机选择，直到选够400人为止。

（3）采用结构性问卷进行入户调查。

7. 营销调研资料的整理和分析方法

（1）样本量

根据以往经验，最大允许误差±2%，考虑到统计分析对样本量的要求和成本方面的经济性，建议本次研究所需要的样本量为每个城市400个。

（2）质量控制与复核

1）本次访问复核率为30%，其中15%电话复核，15%实地复核。

2）实行一票否决权，即发现访问员的一份问卷作弊，该访问员的所有问卷作废。

3）为确保科学高效地完成调研工作，应成立专门的项目小组为客户服务。

参与此项目的所有数据录入及编码人员将参与问卷的制作与调查培训；在录入过程中需抽取10%的样本进行录入复核，以保证录入质量；数据处理采用“统计产品与服务解决方案”（SPSS）软件进行。

8. 确定营销调研报告的形式和内容

本任务中报告书以书面形式呈现。营销调研报告的内容应包括：调研背景、调研的目的和意义、调研的内容和范围、调研采用的方法、调研进度和有关经费开支预算和附件部分。

9. 制定营销调研的组织计划

营销调研的组织领导、营销调研机构的设置、人员的选择和培训、工作步骤及其善后处理需根据营销调研单位的具体安排来计划。

10. 确定营销调研预算

项目费用预算约为6.7万元，其用途和具体数额见表3—4。

表3—4　调研预算的用途和具体数额

项目序号	用途	预算（万元）
1	问卷设计，问卷印刷	2
2	调查与复核费用	1
3	数据处理（编码、录入、处理、分析）	1.5
4	地区市场调研公司代理费用	1.4
5	差旅及其他杂费	0.8
合计		6.7

11. 营销调研方案的可行性分析

本次营销调研策划方案初步通过必要的可行性分析与评价，可根据具体市场调研情况再对方案进行试行和修改，使调研方案具有科学性和实效性。

附：调研问卷

问卷编号：____________

调研人员：__________________

调研时间：__________________

调研地点：__________________

调研问卷

1. 请问您的年龄在20~45岁之间吗？

（如果是则预约时间入户访谈，不是则对对方接听表示感谢后结束电话调查。）

2. 请问您或您的家庭成员有在市场调研公司、广告公司或洗发水行业工作的吗？

（如果没有则预约时间入户访谈，有则对对方接听表示感谢后结束电话调查。）

关于H公司HW洗发水的市场调查问卷

您好！我是M市场调研公司的市场访问员，我公司正在做的是关于H公司的市场调研，需要您的帮助。您的客观意见对我们的市场研究非常重要，希望您能回答以下的小问题（您在回答完问题之后，将会获得一份精美的小礼品），也希望我们能成为朋友。最后祝您家庭幸福，生活美满！

在你要选择的项目前打钩。

1. 您用过去头屑洗发水吗？

A. 用过　　B. 没有（跳至问题5）

2. 您现在最常用的洗发水品牌是：____________，您对它的哪方面最满意？

A. 去屑　　B. 产品口碑好或企业知名度高

C. 销售点多，购买方便　　D. 集多种护发功能于一体

3. 您在购买之前是怎样知道该产品的？（可多选）

A. 电视　　B. 报纸

C. 杂志　　D. 广播

E. 熟人告知　　F. 店内广告

G. 其他__________________________

4. 如果有人说头皮屑是一种疾病，您对于这种说法的态度是：______

A. 同意　　B. 无所谓　　C. 不同意　　D. 拒绝回答

5. 您听说过 H 公司出品的 HW 洗发水吗？

A. 听说过　　　　B. 没有（跳至问题 16）

6. 您是怎样知道 HW 洗发水的？（可多选）

A. 电视　　　　B. 报纸

C. 杂志　　　　D. 广播

E. 熟人告知　　　　F. 店内广告

G. 其他________________

7. 据您所知，从哪可以买到该产品？（可多选）

A. 超市商场　　　　B. 化妆品专卖店

C. 零售店　　　　D. 药店或医院

8. 您用过该产品吗？

A. 用过　　　　B. 没有（跳至问题 18）

9. 您用了 HW 洗发水之后有以下哪样感觉？（可多选）

A. 去头屑效果十分明显　　　　B. 无效

C. 效果一般　　　　D. 有副作用

10. 您对 HW 洗发水的哪些方面比较满意？（可多选）

A. 去屑效果明显　　　　B. 产品口碑好或企业知名度高

C. 价格合理　　　　D. 其他________________

11. 您买过几次 HW 洗发水？____________

12. 您有没有遇到过买不到 HW 洗发水的情况？

A. 很多次　　　　B. 偶尔　　　　C. 没有

13. 您没有买到该产品的原因是什么？

A. 脱销　　　　B. 没有该产品上柜　　　　C. 不清楚

14. 销售人员会主动向您介绍该产品吗？

A. 会　　　　B. 不会

15. 如果 HW 洗发水增加了香味，你的感觉是什么？

A. 好　　　　B. 无所谓　　　　C. 不好（跳至问题 16）

16. 您希望 HW 洗发水有哪种香味？

A. 花香　　　　B. 水果香　　　　C. 绿茶、薄荷等

17. 如果以满分 10 分为标准的话，请您对下列产品的去屑功能打分？（不知道的产品打零分）

HFS（　　）　　SZ（　　）　　HW（　　）　　SL（　　）　　E（　　）

18. HW 洗发水是一种非处方药，如果一个人为了去除头屑烦恼选择 HW，你觉得他或她是一个怎样的人？

A. 偏向理性的人　　B. 偏向感性的人　　C. 没有偏向的感觉

19. 您知道的还有哪些专业去屑的洗发水?

20. 我们可以分享您对 HW 的个人意见吗?

个人情况:

21. 您的性别: □ 男 □ 女

22. 您的年龄: □ 20~24 岁 □ 25~39 岁 □ 40~45 岁

23. 您头发的类型: □ 油性 □ 中性 □ 干性 □ 不知道

24. 您的月收入: □ 1 000 元以下 □ 1 001~3 000 元 □ 3 001~5 000 元 □ 5 000 以上

25. 您的职业: ____________

26. 访问员后记: ____________________

思考与练习

1. 简述市场调研的内涵。
2. 说明撰写市场调研策划方法的要点。

模块四　营销组合策划

任务 1　产品策划

知识目标

- ➢ 掌握产品策划的内容
- ➢ 明确新产品的种类
- ➢ 掌握新产品的开发流程

能力目标

- ➢ 能按照新产品的开发流程来开展活动

任务引入

戴姆勒—克莱斯勒汽车公司正打算使它的节能电动汽车的实验实现商品化。汽车的无污染能源系统直接靠液氢推动，所产生的副产品仅仅是水。新车的能源利用率达75%，比汽油发动机的效率提高很多，而且它比标准的内燃机车和高效的油电混合车都更环保。经过路测，时速达到 90 千米，一次充电后的最远行驶距离达到 280 千米，公司目前正打算开发这种新产品。

如果你是公司管理层，面对上述情况，如何将此新产品创意实现商业化？

任务分析

根据任务引入的描述，能够明确戴姆勒—克莱斯勒汽车公司此款电动汽车已经过实验室开发，能够在技术上实现。此时，需要按照新产品开发的流程验证其实现商业化的可行性，如果可行，则需要制定计划，将其推向市场。

相关知识

一、产品策划的内容

产品策划是指企业对如何使自己的产品或产品组合适应消费者的需要所进行的动态规划。

产品策划的内容主要包括新产品开发策划、产品包装策划、产品组合策划、产品品牌策划和产品生命周期策划。其中，产品包装策划内容在本书模块五企业形象策划中具体讲解；产品组合策划、产品品牌策划和产品生命周期策划在本套教材中的《市场营销学（第二版）》中已经涉及，故在此仅分析新产品开发策划这部分内容。

二、新产品开发策划

1. 新产品的种类

由于消费者品位的快速变化和市场竞争的日趋激烈，企业必须持续开发新产品。所谓的新产品是指新发明的产品、产品性能的改进、产品形态的调整以及新品牌。具体分类及说明见表 4—1—1。

表 4—1—1　　新产品的分类

名称	含义	举例
全新产品	运用新原理、新技术、新工艺和新材料等制造的市场上从未出现过的产品	最初计算机的出现
换代的新产品	改良和提高原有产品的性能	改良汽车发动机，从而使得汽车升级换代
改良的新产品	对现有产品的质量、特点、包装等加以改变，即现行产品线的增补品，市场上销售的大部分新产品属于此类别	如在圆珠笔上安装电子表机芯，使其变成电子表圆珠笔
成本降低的新产品	以较低成本生产同样性能的新产品	自贡氧化铁产品由于原料结构变化，生产出的新产品的质量和原有产品相当，但成本降低一半
重新定位的新产品	对原有产品进行重新定位，以新的市场或细分市场为目标的现行产品	好想你的枣博士由原来的高端礼品重新定位为白领女性的日常休闲食品

2. 新产品的开发程序

规范的新产品开发程序分为八大步骤。

（1）创意产生

新产品创意是指企业本身希望提供给市场的一个可能产品的设想。其创意来源主要有顾客、科学家、竞争者、企业员工、企业管理者、经销商、发明家、专利代理人、工业顾问、大学、商业性实验室、广告代理、营销研究公司、工业出版物等。

产生创意的方法主要有以下几种，见表 4—1—2。

表 4—1—2　　产生新产品创意的方法

方法	用法
属性列举法	先列出现有产品的属性，然后对每一属性进行修改，如可否更新材料，进行扩大、缩小、合并等
强制关联法	将几个物品排列起来，然后考虑每一物品与其他物品之间的关系，如能否将家中所有电器组合起来等
形态分析法	辨认一个问题的各个层面并考察它们之间的关系。将一个要解决的问题分解成几个重要部分，分析每一部分有几种可能实现的方式，然后进行不同组合
问题分析法	询问消费者有关需求、生活中遇到的问题及他们对解决这些问题的构思。消费者的需求就是市场机遇
头脑风暴法	由 6~10 人组成小组，就某一问题进行随意讨论。不受限制的自由发挥，往往能产生奇思妙想
群辩法	不限定主题的小组讨论，主持人不宣布主题，只进行宽泛的引导。这种方法比头脑风暴法更能自由地发挥想象

（2）创意筛选

创意筛选的目的就是尽可能快地找到好的创意，并放弃不合适的创意。

首先，把新产品的创意按照企业标准格式填入表内，该书面报告描述了产品、目标市场以及竞争情况，并对市场规模、产品价格、开发时间和成本、制造成本和回报做出一些初步估计。

其次，根据一套企业通用标准对创意做出评价，如图 4—1—1 显示了产品创意与企业目标、战略和资源是否相符等一系列细节问题。如果回答不令人满意，则放弃该创意。

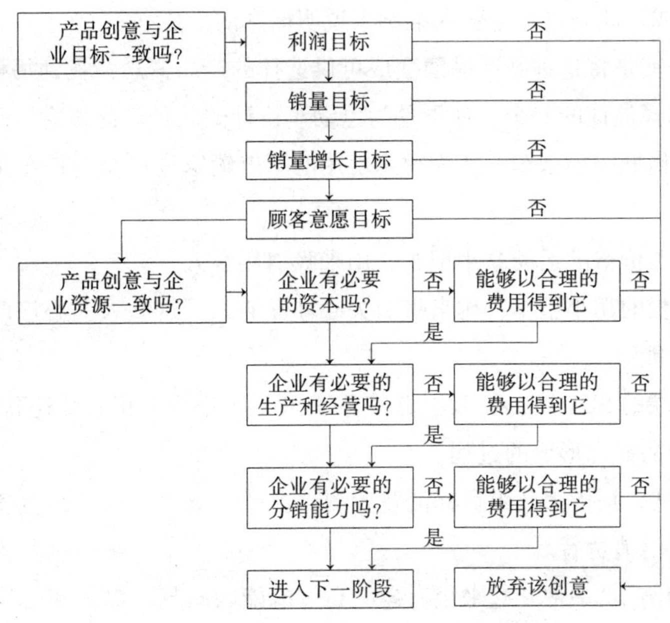

图 4—1—1　根据企业目标和资源评价产品创意

最后，把筛选后的产品创意，用指数加权法进行分等，以评测该创意是否能进行下去，见表 4—1—3。表中第一列是产品成功推入市场必要的因素，第二列是对这些因素赋予的权重，第三列是针对每一个因素该创意的得分（得分范围在 0~1 之间），第四列是经过加权后的得分，将此列得分相加用以评价该创意的可行性。

表 4—1—3　　　　新产品创意评估表

产品成功因素	权数（A）	能力水平（B）（得分范围 0~1.00）	评分（A×B）
产品的独特性	0.30		
营销资金支持	0.25		
竞争力	0.15		
研究与开发	0.20		
生产状况	0.05		
采购和供应	0.05		
合计	1.00		

注：分等标准：0~0.03 为差，0.31~0.60 尚可，0.61~0.80 为佳。

（3）概念的形成和测试

一个有吸引力的创意必须发展成为一个产品概念，即指用有意义的消费者术语，包括文字、图像、模型等对创意予以清晰表述，使之在顾客心目中形成一种潜在的产品形象。

1）概念形成。此处以任务引入案例来说明概念的形成。

公司的任务就是将这种新产品演变成可供选择的产品概念，找到每种概念对顾客的吸引程度，并选择最佳的一个，如下是为电动车设计的几种产品概念。

概念 1：价格低的小型车，作为短途使用的第二辆家庭用车。该车是理想的代步和访友工具。

概念 2：中等价格的运动款小型车，用来吸引年轻人。

概念 3：不贵的超小型车，用来吸引关心环保的人，这些人关心该产品的实际交通功能和低污染性能。

概念 4：高端的 SUV 产品，吸引那些喜爱 SUV 大空间但担心油耗高的人。

以上就是产品概念形成的过程。

2）概念测试。是指用几组目标消费者测试新产品概念。新产品概念可以用符号或实物的形象提供给消费者。

以概念 3 为例：“一种开起来很有趣的高效电能四座超小型汽车。这种高科技的神奇产品靠液氢驱动，无污染，提供实际可靠的交通承载功能，时速达到 90 千米，不必像用电池驱动的车那样充电。全套设备总价格为 18 万元人民币。”

通过具体的概念说明使消费者明白新产品的概念，然后对消费者实施问卷测试，以观察消费者对概念的反应，消费者的回答会帮助企业决定哪个概念最有吸引力。电动汽车的概念测试题见表 4—1—4。

表 4—1—4　电动汽车的概念测试题

测试问题	产品测试的范围
您理解电动汽车的概念吗？	测试可传播性
您相信关于电动汽车性能的说法吗？	测试可信度
您是否认为电动汽车满足了您某一种需求？	测试需求程度
与其他产品相比，它有什么优势？您建议做哪些改进？	测试需求点
电动汽车的合理价格应该是多少？	测试认知价值
您会买这种车吗？（肯定，可能，可能不，一定不）	测试购买意图
谁会参与您买这种车的决定？谁会驾驶这种车？	测试目标客户和细分市场

（4）市场营销战略的初步制定

假定企业发现新车型的概念 3 测试结果最好，下一步就要设计营销战略，即为了把这种汽车推向市场而设计出最初的营销战略。

营销战略由三部分组成。

第一部分描述市场目标、计划中的产品定位、开始几年内的销售额、市场份额和利润目标等。

如：“目标市场为年轻人，受过良好教育，寻求经济、实用、可靠的交通工具的中高收入的个人或小家庭。将新车型定位成经济实用，驾驶有趣，而且比现有的内燃机车或混燃车污染更少，比必须定时充电的电池驱动车限制更少。第一年预计销售 10 万辆，亏损不超过 9 000 万元；第二年，预计销售 12 万辆，盈利 1. 5 亿元。”

第二部分描述产品的计划价格、分销策略及营销预算。

如：“电动汽车有红、白、蓝三种颜色，并有空调和动力驱动装置可选择。拟售价每辆 18 万元，经销商可享受 15%的折扣。经销商月销售量在 10 辆以上者，该月内每销售一辆车可享受 5%的附加折扣。广告预算 6 000 万元，其中 4 000 万元用于全国广告，2 000 万元用于当地广告，广告的重点是电动汽车的经济和有趣。第一年用 100 万元做市场调研以确定是谁在买汽车以及测定他们的满意程度。”

第三部分描述预期的长期销售额、利润目标及营销组合战略。

如：“公司想取得 3%的长期份额，并实现 15%的税后投资收益率。为了实现这一目标，产品质量起点要高，并且要不断改进。如果竞争允许，第二年和第三年应换代，以提高价格；广告总预算每年应提高 5%；第一年之后市场调研费用应减至 60 万元。”

（5）商业分析

商业分析是指对新产品的预计销售、成本和利润进行分析，从商业的角度来确定新产品是否具有开发价值。

估计销售量，企业应查看类似产品的销售历史，并对市场意见进行调查。估计最大和最小销售量以估量出风险的大小。

估计成本和利润，在完成销售预测后，结合新产品的各项开发、生产条件，包括市场营销、研发、制造、会计以及财务成本等，估计出新产品的预期成本和利润，从而分析新产品的财务吸引力。

（6）产品开发

产品概念通过以上几个阶段就可以进入产品开发阶段，即市场研发或工程部门把产品概念变为实体产品的过程。新产品不仅需要具备产品概念描述的所有特点和属性，而且要经过严格的功能测试和消费者测试，取得各方面对新产品的考核意见后，以预算的生产成本进入正式投产阶段。

功能测试一般在实验室和现场条件下进行，以确保产品运行的安全和有效。

消费者测试一般可采用室内产品安排测试法和送样品上门试用等方法。

例如，电动汽车必须具备所要求的性能特色，经得起各种实验条件的测试。同时还须传达想要表现的心理特征：电动汽车需要给消费者以结实、舒适和安全的体验，管理部门就必须知道消费者判断的依据是什么，调查显示，对消费者来说，车在撞击测试中必须能够经受强烈的冲击。消费者在消费者测试中体验驾驶汽车的感觉并评价它的各种性能。

（7）市场试销

如果产品通过了性能测试和消费者测试，接下来就要进行市场试销。在这一阶段产品及营销方案被放入更加真实的市场环境中进行测试，使得企业在进行大笔投资全面推广产品之前通过营销产品获得经验，了解消费者和经销商对处理、使用和再购买该试销产品将如何反应，以及该市场究竟有多大。

当产品成本很低、企业对新产品很有信心、有比较简单的产品线扩展或模仿竞争者的产品时，可以不进行或进行少量的测试。但是，投资很大的产品或企业对产品或营销方案信心不足时，就必须进行较长时间的测试。

（8）新产品推广

在此阶段正式向市场推出测试成功的新产品，企业需决定进入市场的时机、进入地域、目标市场和营销策略。

首先，决定进入市场的时机。假如企业即将完成其新产品开发工作，此时却听到竞争者的产品开发也将完成，那么企业面临三种选择：首先进入、平行进入、后期进入。如果新产品取代企业老产品，应该推迟到老产品存货售完以后再上市。如果产品季节性很强，新产品就应等到季节合适再推出。总之，市场的进入时机需要仔细考虑。

其次，决定推出新产品的地域。企业一般进行有计划的市场扩展，特别是中小型企业会选择有吸引力的城市或地区，一次只进入一个，然后再扩展。在市场扩展中，企业必须对不同市场的吸引力做出评价。评价标准主要有：市场潜量、企业当地信誉、渠道建设的成本、该地区研究数据的质量、该地区对其他地区的影响和竞争渗透。

再次，推出新产品的目标市场。新产品最理想的顾客一般具有下列特征：创新使用者、喜欢冒险、可能是大量使用用户、对新产品颇有好感、是某一方面的“意见领袖”、有宣传影响力、向他们促销的成本不高等。

最后，推出新产品的营销策略。新产品开发过程始终有营销活动参与，企业必须制定把新产品引入扩展市场的实施计划，营销预算也要合理分配到各营销组合因素中，时机不同、地域不同，营销重点也不同。

新产品开发程序如图 4—1—2 所示。

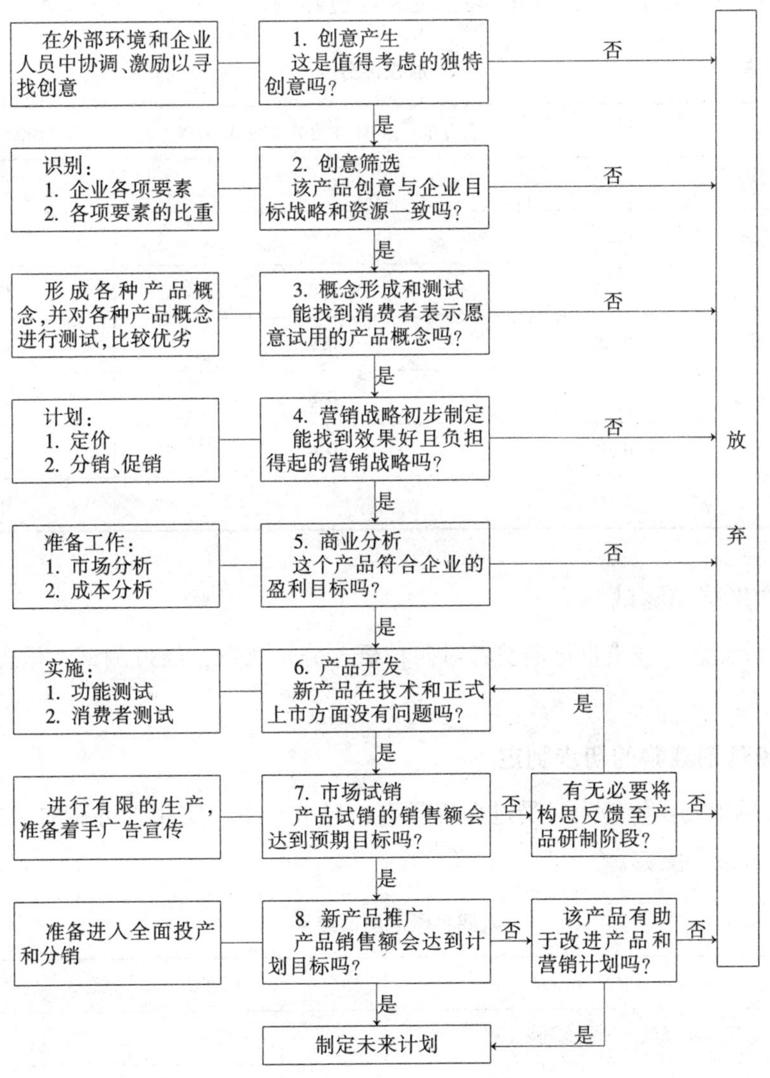

图 4—1—2　新产品开发程序

任务实施

经过上述知识的讲解及在每一部分中针对任务引入的案例所做出的具体分析，经过整理形成任务实施过程，如下所示。

1. 创意产生

电动汽车的创意产生于戴姆勒—克莱斯勒公司的实验室。

2. 创意筛选

经过评审，符合公司“向绿色环保过渡”的资源与战略目标。加权评分为 0.72（见表 4—1—5），处于“佳”的范畴，创意通过筛选。

表 4—1—5　　加权评分

产品成功因素	权数（A）	能力水平（B）（得分范围 0~1.00）	评分（A×B）
产品的独特性	0.30	0.7	0.21
营销资金支持	0.25	0.6	0.15
竞争力	0.15	0.8	0.12
研究与开发	0.20	0.9	0.18
生产状况	0.05	0.8	0.04
采购和供应	0.05	0.4	0.02
合计	1.00		0.72

3. 概念形成和测试

形成四种概念，找出目标消费者对四种概念分别测试，经过测试，概念 3 效果好，结果见表 4—1—6。

4. 市场营销战略的初步制定

（1）目标市场：年轻人，受过良好教育，寻求经济、实用、可靠的交通工具的中高收入的个人或小家庭。

表 4—1—6　　四种概念测试结果

测试问题	概念 1	概念 2	概念 3	概念 4
您理解电动汽车的概念吗？	还行	理解	理解	尚可
您相信关于电动汽车性能的说法吗？	相信	相信	相信	不信

续表

测试问题	概念1	概念2	概念3	概念4
您是否认为电动汽车满足了您某一种需求？	是	否	是	否
与其他产品相比，它有什么优势？您建议做哪些改进？	价格低	够酷速度不够	环保	油耗低动力不足
电动汽车的合理价格应该是多少？	15万	15.6万	16.5万	20万
您会买这种车吗？	可能	肯定	肯定	可能不
谁会参与您买这种车的决定？	配偶	父母	自己	自己

（2）市场定位：实用经济，驾驶有趣，而且比现有的内燃机车或混燃车污染更少，比必须定时充电的电池驱动车限制更少。

（3）前两年预计销售：第一年预计销售10万辆，亏损不超过9 000万元；第二年，预计销售12万辆，盈利1.5亿元。

（4）计划价格：电动汽车有红、白、蓝三种颜色，并有空调和动力驱动装置可选择，售价每辆18万元。

（5）分销策略：经销商可享受15%的折扣。经销商月销售量在10辆以上者，该月内每销售一辆车可享受5%的附加折扣。

（6）营销预算：广告预算6 000万元，其中4 000万元用于全国广告，2 000万元用于当地广告。广告的重点是电动汽车的经济和有趣。第一年用100万元做市场调研以确定是谁在买汽车以及测定他们的满意程度。

（7）长期目标：公司想取得3%的长期份额，并实现15%的税后投资收益率。

（8）营销组合战略：产品质量起点要高，并且要不断改进。如果竞争允许，第二年和第三年应换代以提高价格。广告总预算每年应提高5%。第一年之后市场调研费用应减至60万元。

5. 商业分析

估计电动汽车第一年最小销售量为10万辆，最大销售量为15万辆。预计第一年成本为110亿元，利润为70亿元，第二年利润可上升到100亿元。本产品远期前景看好，具有较好的财务吸引力。

6. 产品开发

产品已经过实验室开发，并且能以低成本投入生产，功能测试通过，消费者测试满意。

7. 市场试销

先期经过广告宣传，在国内指定经销商处试投放8万辆，经过一年试销，市场反应强烈，需求旺盛。

8. 新产品推广

全面推向市场。在全国及地方共投入6 000万元广告费，申报国家环保车，主打环保补贴牌，于“十一”黄金假期推出，先期进行零利率贷款、全额购车送装饰等活动进行促销。本车正式进入环保主流车系。

思考与练习

1. 简述产品策划的内容。
2. 简述新产品开发策划的过程。

任务2　价格策划

知识目标

- 明确价格策划的含义
- 掌握产品定价策略的策划
- 掌握产品价格变动的策划

能力目标

- 能策划产品定价
- 能进行产品价格变动的策划

任务引入

2017年，国内乳制品企业遇到的共同问题，毫无疑问就是涨价。对于乳制品企业来说，本身的经营利润就比较小，但从年初到年终，各个企业不得不“你方唱罢我登场”，在不断的涨价潮中前行。

1. 上游：饲料涨价

由于奶牛饲料全球性的涨价，养殖成本大幅增加，奶牛养殖业无形中受到冲击。出于利益的考虑，鲜牛奶涨价成为不可阻挡的趋势，对于乳制品企业来说，这种原料的涨价，直接导致自己的生产成本增加。

2. 辅料：糖涨价

糖是乳制品企业不可缺少的辅料之一，自从2016年冬天以来，国内的食糖原料——甘蔗的价格一路高涨。辅料的涨价导致乳制品（纯奶除外）成本增加，价格上涨在所难免。

3. 奶源的争夺

由于奶制品行业巨头在各地不断建厂，建厂就意味着需要奶源，而在区域市场中，奶源毕竟是有限的，更多的企业用更大的投入参与争夺，必然使竞争更趋激烈。

作为区域乳品企业中的佼佼者，H公司已经有近70年的历史了，2000年企业通过改制成为民营控股的企业。H公司经过近几年在市场上的精耕细作，在S省也经营得风生水起，并向周边省份拓展经营。但随着某大型乳制品企业——M公司一波又一波的市场营销攻势，全国各地的乳制品企业都感到了竞争的威胁。在S省市场上，随着Y公司、M公司在当地建厂，加紧了市场的抢夺，随后原料涨价，接着奶源紧缺，H公司作为当地区域市场第一品牌面临强大的市场压力。

阅读材料，请思考以下问题：

根据材料描述，H公司应采取什么样的产品定价策略？

任务分析

根据任务引入的描述，能够明确H公司面临的市场环境，在涨价势在必行之后，H公司应进行深入细致的分析，调整好价格策略以适应市场。

相关知识

一、价格策划的内容

1. 价格策划的含义

价格策划是指企业在一定环境条件下，为实现长期的营销目标，协调配合其他方面的策略，进行价格决策的全过程。价格策划的过程包含了定价的过程，除此之外还要运用各种有关定价和调价的方法和策略。

2. 价格策划的基本原则

企业定价和调价受很多变数的影响，需要营销人员根据企业当时的实际情况进行综合判断做出决策。做好价格策划应当把握以下基本原则。

（1）价格策划的出奇制胜

价格策划应当出奇制胜，在实施时才能先发制人，达到目的。

（2）价格策略的适时变动性

价格相对稳定是企业经营的基本原则，变化频率过快易失去消费者的信任。但是，相对稳定并不是说不能变化，只要时机合适，仍然能利用价格因素直接获利或达到排斥竞争者的目的。

（3）价格策划的区间适应性

企业定价有上限和下限的限制，价格应当在这个上下限规定的区间里变动，突破这个区间有可能带来副作用。

（4）价格变动的时间区间

通常，战术价格调整多数控制在1~3个月之间，或者是价格调整的营销目的已经达到，就应当研究新的价格战术，采用新的价格策划方案。

3. 价格策划的程序

完整的价格策划程序如图4—2—1所示。

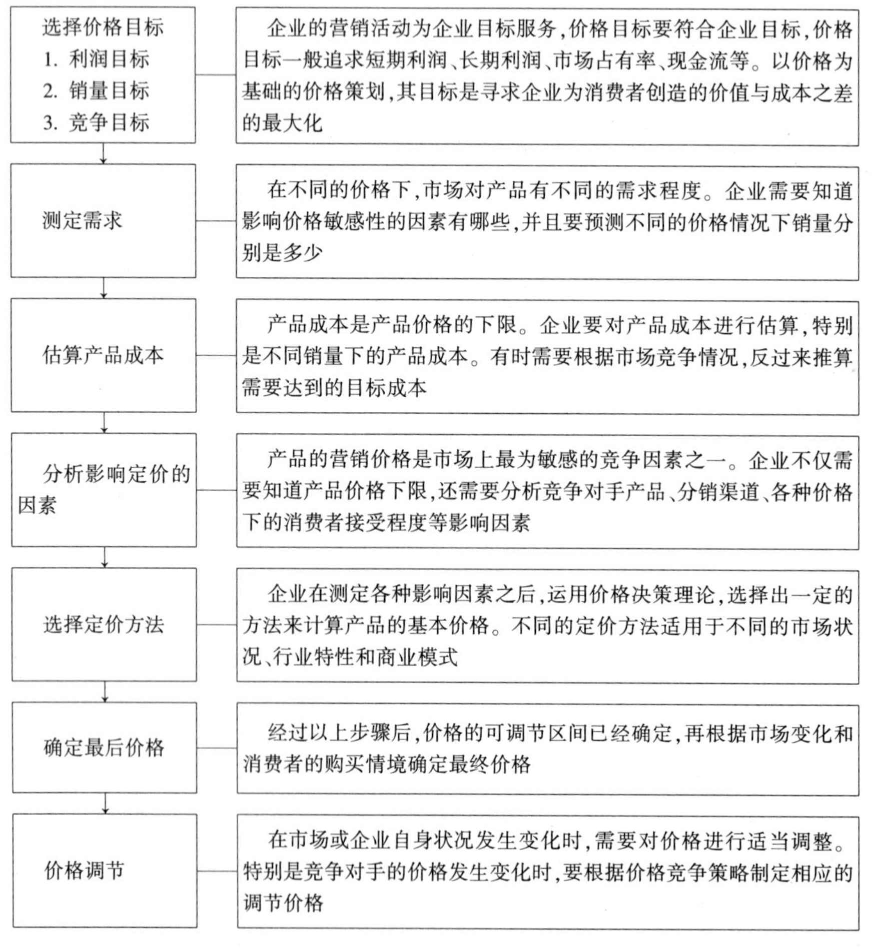

图4—2—1　价格策划程序

二、定价方法和定价策略

1. 定价方法

企业在制定价格时，一般来说，主要是考虑产品的成本、市场需求和竞争状况三大因素，并结合产品情况做出相应的决策。因此定价可分为成本导向定价、需求导向定价和竞争导向定价，具体内容见表4—2—1、表4—2—2和表4—2—3。

表4—2—1　　成本导向定价方法一览表

	成本加成定价法	目标定价法
含义	在成本基础上加一定比例的加成来制定产品的销售价格	根据目标投资收益来制定价格
计算方法	单位产品价格＝单位产品成本×（1+加成比例）	目标价格＝单位成本+（目标收益+投资额）÷销量
优点	定价程序简单；当行业内企业都采用这种方法时，可减少价格竞争，对买方来说，感觉这种方法比较公平	对收益和销量的研究比较深入，方便企业制定财务计划
缺点	未考虑市场需求、购买者和竞争等条件，不可能制定出最佳的价格	没有考虑到价格是影响销量的最重要因素。当销量上升时，成本就会降低，因此企业可以试着以不同价格进行销量和成本计算
成本导向定价方法的一般流程：生产产品→核算成本→制定价格→宣传价值→销售产品		

表4—2—2　　需求导向定价方法一览表

	感受价值定价法	反向定价法
含义	根据购买者对产品的感受价值来制定价格	根据顾客能够接受的最终销售价格逆向推算出产品的零售价和批发价
计算方法	估计产品能为购买者创造多大的价值，以及与竞争产品进行价值比较后得出价格	依据顾客能够接受的最终销售价格，计算企业从事经营的成本和利润后，逆向推算出产品的零售价和批发价
优点	充分考虑顾客的需求及市场竞争情况，是一种较为全面、可行的定价方法	这种以最终消费者接受为出发点制定出来的价格非常有竞争力，是一种很可行的定价方法
缺点	定价过程比较复杂，要分析顾客对产品的感受价值，存在误差风险。特别是在对本企业产品与竞争产品市场地位、品牌形象认识不清楚的情况下，易定价错误	对企业成本控制要求比较高。如果企业的成本控制水平达不到反向定价法的要求，则这种方法无异于纸上谈兵
需求导向定价方法的一般流程：测定认知价值→确定需求价格→估计销售量→核算产品成本→生产产品		

表 4—2—3　　竞争导向定价方法一览表

	随行就市定价法	投标定价法
含义	按照市场平均现行价格水平定价	参加工程招标时，在预测竞争对手价格的基础上制定出本企业的价格
计算方法	将调查市场上同类产品平均水平作为定价依据	通常要低于竞争对手价格，或者当本企业提供的产品明显优于对手时，可略高于对手价格投标
优点	在成本较难计算，或者难以预计实力强大的竞争者对本企业价格的反应情况下比较适用	适合经常投标的企业使用
缺点	只能在特殊的市场结构和企业实力条件下使用。常用于完全竞争市场、寡头竞争市场	企业利润和投标中标率成反比，投标者需要协调好这两方面的关系
竞争导向定价方法的一般流程：生产产品→参照竞争产品价格→制定价格→宣传价值→销售产品		

2. 定价策略

定价既是科学，又是艺术。如果说定价方法是从量的方面对产品的基础价格做出科学的计算，那么定价策略则是从艺术角度，根据市场具体情况制定出灵活机动的价格。常见的定价策略有以下几种。

（1）高价攻入策略

企业在进入市场过程中，以产品为基础，采用高价攻入市场策略，获取一定的市场份额，进而建立长期的市场统治地位。这种策略的基础是高质量创新产品，可以为知名的大企业所采用，也适于中小企业。

例如，美国施乐公司以高价推出新型复印机。施乐公司于 1946 年研制出干式复印机——施乐 914 型复印机。当时市场上所有的复印机均为湿式。该公司老板威尔逊决定把价格定为 29 500 美元，这个价格比成本高十几倍。他认为，只有高价才能体现其独特性。到了 1960 年，干式复印机开始畅销，仅 1960 年一年，施乐公司出售干式复印机的营业额就高达 3 300 万美元，市场占有率 15%。5 年后，营业额高达 39 263 万美元，市场占有率 66%。

（2）低价攻入策略

企业在进入市场过程中，以低成本产品为基础，采用低价攻入市场策略，获取一定的市场份额，进而建立长期的市场统治地位。这种策略是以长期的市场占有率为目标，有时甚至以初期的市场损失为代价，并将其视为开发长期市场的投资。

例如，船王的低价秘方。1955 年，包玉刚成立了环球航运公司，开始了航运经营事业。那时世界经济兴旺，单程运费很高，但包玉刚不为暂时的高利润所动，从经营一开始就坚持采取低租金、长期合同的定价方法和经营方针。他不仅希望用低价策略吸引顾客，增强竞争能力，而且还希望用这种方式避免投机性业务，最大限度地减少风险。包玉刚正是在这种经营思想的指导下获得成功的。

（3）优价攻入策略

企业在进入市场的过程中，以优质产品为基础，采用中等价格攻入市场，使顾客以中等价格买到优质产品，从而获取一定的市场份额，进而建立长期的市场统治地位。这种优价攻入策略的基础是产品质量高于其价格，这种策略可为所有参与竞争的企业利用。

例如，在举世瞩目的可乐战中，百事可乐成功利用优价攻入策略打入了被可口可乐独霸的可乐市场。关键就在于花同样的价格，顾客能够买到的百事可乐差不多是可口可乐的两倍。百事可乐在利用优价策略攻入市场的同时，还充分利用广告来树立品牌形象。

三、定价策略的策划

在价格策划中，最重要的是审时度势，随着时间和空间的推移，变化或修订产品价格，以更好地适合市场营销环境和机会，达到企业所期望的效果。

1. 地区性价格的策划

企业的产品不仅要销售给本地顾客，还要销售给外地顾客。产品运达地点不同，需要支付的费用也不同。费用由谁承担，如何承担，对于不同地区的顾客是制定相同的价格还是不同的价格，这是企业需要面对的问题。地区性定价策划的形式主要有以下几种。

（1）原地交货定价

企业可要求每一个购买者支付从工厂到目的地的运输成本。原地交货是将商品放到一个运载体上（如船、火车、汽车等），表明所有权和责任已转移到顾客手中，顾客就要支付从工厂到目的地的运费。采用此方法能公平合理地分派运输费用，但对偏远地区的顾客来讲，购买产品的价格则会上升。

（2）统一运费定价

统一运费定价俗称邮标定价，即不管地理位置远近，向所有顾客收取同样价格加上运费。这个运费是按平均运输成本来定的，采用此方法，对企业营销者来说容易管理，有利于巩固和扩大企业的远距离目标市场占有率，但容易失去较近位置的部分市场。

（3）区域定价

区域定价介于原地交货和统一运费两个定价方法之间。企业将销售市场划为若干区域，同一区域内的用户所付价格相同，较远区域的用户价格略高。不同价格区域的两个相邻用户，对价格差异的存在具有较强的敏感性，所以在划定区域界线时，要注意价格差异程度，否则会引起消费者的不满。

（4）基点定价

以某个城市为基点，向所有用户收取从该城市到用户所在地的运费，无论货物实际运输的长短。倘若所有卖主使用同样的基点城市，对所有顾客来讲交货价格就会相同，也就消除了价格竞争。

2. 价格折扣与折让的策划

为了鼓励顾客及早付清货款，或大量购买、淡季购买等，还可以酌情降低其基本价格。价格折扣和折让的策划形式主要有以下几种。

（1）现金折扣

现金折扣是企业给那些当场付清货款顾客的一种减价。例如，顾客在 30 天内必须付清货款，如果 10 天内付清货款，则给予 2%的折扣。

（2）数量折扣

数量折扣是企业给那些大量购买某种产品顾客的一种让价，以鼓励顾客购买更多的货物。因为大量购买能使企业降低生产、销售、储运和记账等环节的成本费用。例如，顾客购买某种商品 100 单位以下，每单位 10 元；购买 100 单位以上，每单位 9 元。这就是数量折扣。

（3）功能折扣

功能折扣又叫贸易折扣，是制造商给某些批发商或零售商的一种额外折扣，促使他们愿意执行某种市场营销功能（如推销、储存、服务等）。

（4）季节折扣

季节折扣是企业给那些购买过季商品或服务顾客的一种价格优惠，使企业的生产和销售在一年四季保持相对稳定。例如，滑雪板制造商在春夏两季给零售商以季节折扣，以鼓励零售商提前订货。

（5）折让

折让即“以旧换新”。折让也是一种降低产品价格的方法。在购买企业新产品时，如同时交回旧产品就给予降低售价的优惠待遇。如电视机、洗衣机的折让法，目的是树立一种处处为用户着想的企业形象。

3. 促销价格的策划

为了促进销售，有时将产品销售的价格修订得低于进货价格，甚至低于成本费用，这个价格就是促销价格。促销价格的策划形式主要有以下几种。

（1）削价促销

企业暂时大幅度削减少数几种产品价格，当作招徕顾客而亏本出售的商品，以吸引顾客购买，并带动其他正常定价产品的销售。

采用这种方法一般要注意以下几个方面。

1）所用产品要质量好且知名度高，若是质量低劣的处理品，就会缺乏吸引力。

2）削价的产品种类太少，对多数顾客没有吸引力；范围太广，对企业又不一定划算。一般以顾客适当获得满足感为宜。

3）削价幅度要足以引起顾客的注意和兴趣，刺激购买动机，才能起到促销作用。

4）数量要有一个合理的限度。美国有一家商店名叫“九十九仙”，所有商品都以0.99美元的价格出售，价值较高的商品也不例外，但它每天只供应少量高价值商品。

（2）季节性削价

企业在某一段时间内，如季节更替之际或节假日，采取特殊事件定价，降低某些商品价格，以广泛招徕和吸引那些“厌倦购买的顾客”。

（3）心理折扣

企业对某种产品定价颇高，随后大肆宣传大减价优惠活动。例如，某产品原价359元，现价299元。

（4）回扣

企业从其销售收入中，提取部分返还买主，多用于推销滞销产品及新产品。例如，在产品包装上说明，“从××时到××时，凡购买该产品的消费者，把购货发票及包装上的某种特殊标记寄回厂家，将可收到××数额的返现”。

4. 差别定价的策划

通过制定两种或两种以上不反映成本比例差异的价格来推销一种产品或者提供一项服务，这就是差别定价。差别定价有以下几种形式。

（1）顾客差别定价

对于同样的产品或服务，不同顾客支付不同的数额。例如，公交公司对成年人和特定身高标准以下的儿童收取不同的费用。

（2）产品差别定价

产品的品种、规格、品牌和样式不同，制定的价格也不同。例如，款式新颖的服装的价格会比同类产品高。

（3）地点差别定价

不同地点、区域、场所、位置、方位等可制定不同价格。例如，戏院的包厢收取的费用相对较高，飞机前舱票价高于后舱票价。

（4）时间差别定价

不同日期、不同钟点，都可以进行季节性的价格变动。例如，电影院针对白天和晚上制定的不同票价，旅游区在淡季和旺季的收费不同。

5. 新产品定价的策划

新产品定价分为受专利保护的创新产品的定价和仿制新产品的定价两种方式。

(1) 创新产品的定价

创新产品的定价有撇脂定价和渗透定价。

撇脂定价指在产品生命周期的最初阶段，把产品的规格定得很高，以攫取最大利润，就像从鲜奶中撇取奶油。企业之所以能这样做，是因为有些购买者主观认为某些商品具有很高的价值。从营销策划角度看，企业在以下条件下可以采取撇脂定价：市场有足够多的购买者，他们的需求缺乏弹性，即使把价格定得很高，市场需求也不会大量减少。高价使需求减少一些，单位成本增加一些，但不至于抵消高价所带来的利益。在高价情况下，仍然独家经营，别无竞争者。有专利保护的产品就是如此，用较高的价格刺激消费，以提高产品形象，创造高价、优质、名牌的印象，开拓市场。

由于价格较高，可在短时间内获得较大利润，回收资金也较快，使企业有充足的资金开拓市场。在新产品开发之初，定价较高，当竞争对手大量进入市场时，便于企业主动降价，增强竞争能力，此举符合顾客对价格由高到低的心理。

渗透定价即企业把其创新产品的价格定得相对较低，以吸引大量顾客，提高市场占有率。从营销策划角度看，企业在以下条件下可以采取渗透定价：市场需求对价格极为敏感，低价会刺激市场需求迅速增长；企业的生产成本和经营费用会随着生产经营经验的增加而下降；低价不会引起实际或潜在的竞争。

(2) 仿制新产品的定价

仿制新产品是企业模仿国内外市场上的畅销产品而生产出的新产品。仿制新产品面临着产品定位问题，就其产品质量和价格而言，企业有九种可供选择的方式：优质高价，优质中价，优质低价，中质高价，中质中价，中质低价，低质高价，低质中价，低质低价。如果市场领导者正采取优质高价，后来者就应采取其他策略。

6. 产品组合定价的策划

大多数企业生产或营销的是多种产品，这些产品构成了该企业的产品组合，各种产品需求和成本之间存在着内在的相互联系。企业在修订价格时，要考虑到各种产品之间的关系，以提高全部产品的总收入。产品组合定价即从企业整体利益出发，对有关产品所做的价格修订。

(1) 产品线定价

产品线是一组相互关联的产品，企业必须适当安排产品线内各个产品之间的价格梯级。若产品线中两个前后连接的产品之间价格差额小，顾客就会购买先进的产品。此时，若两个产品的成本差额小于价格差额，企业的利润就会增加；反之，价格差额大，顾客就会更多地购买价格较低的产品。

(2) 任选品定价

任选品是指那些与主要产品密切相关的可任意选择的产品。许多企业不仅提供主要产品，还提供某些与主要产品密切关联的任选产品。例如，顾客去饭店吃饭，除了点饭菜以外，还会点酒水等，此处的酒水即为任选品。

企业为任选品定价常用的策划有两种：第一，把任选品价格定得较高，靠它盈利多赚钱；第二，把任选品的价格定得低一些，以此招徕顾客。

例如，有些饭店饭菜的价格定得较低，但酒水的价位较高；另一些饭店正好相反，饭菜的价格定得较高，而酒水的价位则较低。

（3）连带产品定价

连带产品是指必须与主要产品一同使用的产品。例如，刀片是剃须刀的连带品。

许多大企业往往是将主要产品定价较低，连带品定价较高。以高价的连带品获取利润，补偿主要产品低价销售所造成的损失。例如，可口可乐公司的饮料机通常低价出售或免费赠送给商家，再通过销售饮料弥补损失。

四、价格变动的策划

企业给产品定价以后，由于情况变化，经常还要变动价格。变动价格主要有两种情况：一种是市场供求环境发生了变化，企业认为有必要调整自己的价格；另一种是竞争者价格有所变动，企业不得不做出相应反应。

1. 主动调整价格的策划

（1）主动调整价格的原因

1）降价常见的原因。

一是企业生产能力过剩，市场供大于求，需要扩大销售，但又无法通过改进产品和加大销售力度来达到目的，只好考虑降价。

二是下降中的市场份额。如当日本小汽车以明显优势大量进入美国市场后，美国通用汽车公司在美国市场份额明显减少，最后不得不将其超小型汽车在美国西海岸地区降价 10%。

三是为争取在市场上的支配地位。企业用较低的价格，增加产品的竞争能力，扩大市场份额，而销售量的增加也降低了成本。

2）涨价常见的原因。

一是成本上涨。材料费、燃料费、人工费、运费、科研开发费、广告费等费用的上涨，导致企业的利润减少，也使得企业要定期提价，只是所提价格往往要高于成本增加的数额。

二是供不应求。当企业的产品在市场上不能满足所有消费者的需要时，通常会涨价、减少或限制需求量。企业在涨价时，应通过一定的渠道让消费者知道涨价的原因，并听取他们的反馈意见，企业的推销人员应帮助顾客找到经济实用的购买方法。

三是竞争者提价。

（2）主动调价的策略

1）调低价格对企业来说具有相当大的风险。出于“一分价钱一分货”的心理，消费者通常认为降价会使产品的质量低于竞争产品的质量。同时，降价也有可能引发价格战，造成不必要的过度竞争。所以调低价格的策略应该与开发更有效的产品或成本较低的产品相结合，同时掌握好降价的时机、方式与幅度。

①降价的时机。不同商品的降价时机不同，如日用品选择节日前后，季节性商品选择节令相交之时。

②降价的方式。降价的方式有明降和暗降两种。暗降的方式有增加商品的附加服务、给予折扣和津贴、实行优惠券制度、予以实物馈赠和退还部分货款等。

③降价的幅度。降价幅度一般不宜过大，尽量一次降到位，切不可出现价格不断下降的情况，以免引起消费者产生持币待购的心理。

2）消费者一般都不欢迎产品涨价。因此策划人员应当合理掌握涨价的时机、方式与幅度。

①涨价的时机。为避免顾客和中间商的不满，可以限时涨价，在供货合同中写明调价的条款。

②涨价的方式。明降是直线提高价格，而其他条件不发生任何变化。暗降的方式有减少产品包装数量，更换商品型号种类，取消优惠条件等手段。一般的做法是避免明调，采用暗调。

③涨价的幅度。涨价的幅度不宜过大，一般是5%，也可参照竞争者的价格变化。

2. 被动调整价格的策略

竞争对手的调价策略也分为调高价格策略和调低价格策略。一般情况下，对调高价格的反应和对策比较容易，方法主要有跟随提价和价格不变。而对降价的反应则比较复杂，一般可分为以下五种类型。

（1）维持价格不变

这一策略主要用于差别产品市场。在差别产品市场上，由于顾客要考虑产品品质、服务水平、品牌信赖等因素，就会抵消顾客对价格的敏感程度。在这种情况下，竞争者降价就不可能夺取本企业较多的市场占有率，或者只是夺取较差的市场。使用这种策略的另一种情况是竞争者的降价是短期的，并对本企业的销售不会造成损害。

（2）相应降价

这一策略主要用于同质产品市场。在同质产品市场上，由于这类产品没有差别，顾客只是按技术规格指标购买，因此，如果竞争对手降价，大部分顾客会转向最低价的销售者，本企业不予降价就会失去原有的市场占有率，所以只能跟随竞争对手而采取相应降价策略。

(3) 提高顾客对产品的认知程度

企业可以维持价格不变，但要改进产品、服务和信息沟通，以便使顾客认为支付的每一分钱都物有所值，价格相对于质量还是廉价的，稳定其购买信心。

(4) 提高价格同时改进质量

企业可以在提高价格的同时，引入一些新品牌商品，来对进攻性品牌进行夹击。

(5) 推出低价进攻性产品

企业维持受到攻击产品的价格不变，同时增加低价品种，或者另外创立一个廉价品牌。当丧失的特定细分市场对价格十分敏感时，就可以采用这个方法，因为该市场不会对更高质量的产品做出反应。

任务实施

价格策划就是根据购买者各自不同的支付能力和效用情况，结合产品进行定价，从而实现最大利润的定价办法。价格是决定企业市场份额和盈利率的最重要因素之一。在营销组合中，价格是唯一能产生收入的因素，其他因素表现为成本。

根据任务描述可以看出，原材料价格直接影响产品利润，由此能推断出，乳制品企业多采用成本定价法。

1. 产品价格策略的选择

由于乳制品企业采取成本定价法，那么随着原材料价格的上涨，H 公司也不可避免地要选择涨价策略。

2. 涨价的时机选择

既然涨价势在必行，此时 H 公司就要选择涨价的时机，一定要在竞争对手有所行动之后才能随之做出反应，因为 H 公司只是一家地方性企业，影响力不如 Y 公司、M 公司这样的市场领导者深远，此时选择跟随提价策略比较稳妥。

3. 涨价的方式选择

H 公司作为地方性企业，可以选择暗调的方式进行涨价，如减少包装的数量、取消优惠条件等。由于消费者一般对乳制品这类日常消费品的价格比较敏感，H 公司可以利用消费者此类心理，既达到了涨价的目的，又能够对竞争对手构成威胁。

如果打算采取明调的方式，可以通过改进服务或其他促销手段，抵消消费者由于价格上涨而带来的消费转换。

同时，制造同行涨价舆论。对于 H 公司来说，因为各个企业共同面对的都是原辅料的涨价，企业的生产成本都在同步增长，此时要着力宣传同行涨价，并向消费者解释本企业涨价是由于客观原因导致，求得谅解。

4. 涨价的幅度

涨价的幅度不宜过大，一般不要超过竞争对手的涨幅。如果有可能，在考虑成本的基础上，略低于竞争对手的价格为宜。

思考与练习

1. 简述价格策划的程序。
2. 常见的定价策略有哪几种？
3. 简述价格变动的策划方法。

任务 3　渠道策划

知识目标

➢ 明确渠道策划的含义

➢ 掌握分销渠道的设计流程

能力目标

➢ 能进行分销渠道的设计

任务引入

A 汽车公司根据公司总体战略定位，今后几年的销售目标必须明显高于市场平均增长速度，以确保微车市场领先者的地位；与竞争对手相对市场份额需要进一步扩大，同时要求实现产品结构的快速切换，旗下 H 产品将成为明年销售的主打产品。

1. 具体销售策略和销售目标

（1）明星市场：采取巩固策略，保持投入，强化市场的领导地位；新增销售 6 000 台，目标增长率 20%。

（2）成熟市场：采取防御策略，维持现有份额；新增销售 5 000 台，目标增长率 13%。

（3）成长市场：采取进攻策略，增加资源，争取更高的份额；新增销售 10 000 台，目标增长率 24%。

（4）饱和市场：采取渗透策略，寻求更大的机会和份额；新增销售 3 000 台，目标增长率16%。

2. 目前存在问题

(1) 根据本年度四类市场目标增长率，预计难以完成下一年预定目标，必须通过商业渠道增加20 000台的商业库存。

(2) 每种类型的市场销量提升所需要的销售费用、渠道成本有显著不同，其中成熟市场的渠道成本最高。但是，只有低成本、高价值，充分利用商业资源的渠道结构才能适应下一年度营销目标的要求。

(3) 分公司与经销商之间存在业务交叉，互相之间冲突加剧。

(4) A汽车公司近年市场份额提升和销售网点变动函数表明，靠增加网点夺取竞争对手市场份额变得越来越难。A汽车公司现有网点平均零售能力明显落后于B汽车公司、C汽车公司等主要竞争对手；在竞争对手的成熟市场，A汽车公司网点平均销售能力也明显落后于竞争对手，反映A汽车公司渠道的价值和效率较低。现有800余家经销商的单点销售能力必须提高40.6%才能完成下一年度的营销目标，见表4—3—1和表4—3—2。

表4—3—1　　A汽车公司与竞争对手网点平均销售能力比较

品牌	本年度零售总量（辆）	网点数	平均网点销售能力（辆）
A	50 148	241	208
B	28 504	131	218
C	35 243	125	282
D	33 645	134	251

表4—3—2　　成熟市场上A汽车公司与竞争对手网点平均销售能力比较

	品牌	哈尔滨	齐齐哈尔	大庆	佳木斯	牡丹江
零售网点数量	A	4	3	3	3	2
	D	2	3	3	3	1
	E	3	2	1	1	1
	C	2	1	3	2	1
	B	1	1	0	1	0
最大单点销售量	D	8 000	1 100	800	400	600
	A	200	300	200	40	150

(5) 通过对H产品销售前十名的分公司和直销商的销量比例分析表明，直销分公司对H产品的销售起推动和支持作用。但是，快速扩张带来的经营成本过高和当地市场容量不足造成很多分公司亏损，至少有37.6%的分公司在下一年度很难达到盈亏平衡；所给予的政策资源也主要倾向于直销分公司，不利于充分发挥经销商的积极性，见表4—3—3。

表 4—3—3　　A 公司对分公司和经销商给予的商务政策比较

商务政策要点	分公司	经销商
市场价格管理方法	①鼓励批发，支持零售 ②分公司牵头检查“三限”（限价格、限零售、限区域）办法 ③分销中心和分公司制定地区零售价格	①原则上不能批发 ②“三限” ③突破“三限”，罚款 20 000~40 000 元
佣金政策	无条件享受佣金	①以承兑汇票付款者降低佣金 ②欠款者充抵欠款
商务支持/奖励政策	享受专卖店奖励 500 元和信息费在开票时直接体现	①必须验收合格签订协议后方可享受 ②年销量在 300 台以上者 ③年终才予兑现
调价对接	①分公司可申请直接享受降价折让 ②沉淀机型可申请调出	①60 天以内开票未销售者对接 ②60 天以上不予对接
滞销车调换规定		没有明确的滞销车调换规定

如果你是该公司管理层成员，请根据公司制定的战略和目前公司面临的环境，重新规划渠道建设。

任务分析

根据任务引入的描述，能够明确 A 汽车公司目前的营销战略和渠道应对此战略时存在的问题。此时，需要按照渠道建设的流程重新策划渠道，使其能够克服困难，实现目标。

相关知识

一、渠道策划的内容

1. 渠道策划的含义

本书渠道策划中“渠道”指的是“分销渠道”，渠道策划指的是分销渠道的设计和管理工作。其中渠道管理在本套教材的《销售管理》中具体讲解，本书只讲解渠道设计。

2. 分销渠道的含义

分销渠道是指产品或服务从生产领域到消费领域的通路，由一系列执行中介职能的相互依存的企业或个人组成。这一概念包含下列含义。

(1) 分销渠道上的企业和个人是指生产者、批发商、零售商等不同类型的企业和个人，它们被称为“渠道成员”。

(2) 分销渠道是指一种产品的流通过程。起点是该产品的生产者，终点是该产品的消费者和用户。

(3) 渠道成员相互联系、相互制约，各自承担营销职能，起着便利交换和提高营销效率的作用。

3. 分销渠道的功能

分销渠道承担许多功能，大体可归为三类，见表 4—3—4。

表 4—3—4　　分销渠道的功能

分类	具体内容
交易功能	接洽：解决买卖双方之间的找寻障碍，寻找潜在买主并与之沟通 谈判：为完成商品所有权的转移，与顾客进行有关价格及相关条件的商谈 风险：承担执行渠道任务过程中的有关风险，如存货毁损、跌价损失等
物流功能	实体配送：从事商品的实体分销，包括运输、搬运等 仓储：负责存货和保护货品安全 分类：按买主的要求将供应品进行分拣、重新包装、组合配货，使所供应的货物符合购买者的需要
促销功能	调研：搜集有关顾客、竞争对手、商品、价格等信息 促销：传播有关商品或品牌的相关信息，并与顾客沟通，促进产品销售 融资：通过银行或其他金融机构为买方付款，将信用延伸至消费者

4. 分销渠道的结构

分销渠道的结构可以用三个维度来描述，即渠道的长度、各层次中间商的密度和类型。

(1) 分销渠道的长度

分销渠道的层次，是指在产品从制造商转移到消费者的过程中，任何一个对产品拥有所有权或负有推销责任的机构。分销渠道的长度，是指产品从生产者转移到最终消费者或用户所经过的中间商的个数，如图 4—3—1 所示。

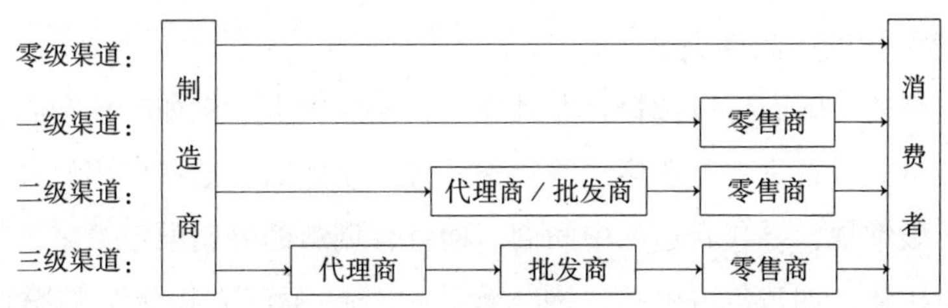

图 4—3—1　分销渠道的层次及长度示意图

1）零级渠道。是指有制造商不经过中间商而直接到达消费者的通路，也称直接渠道。直接营销即是采用了此渠道，其主要方式是上门推销、家庭展销会、邮购、电话营销、电视营销、网上销售和制造商的专营店等。例如，海尔公司在各主要城市均设有海尔专营店，展示和销售其产品，但是为了避免与其中间商争夺顾客，通常海尔专营店选址在商业区以外交通便利的地点。

2）一级渠道。是指在制造商和消费者之间只有一级零售商。例如，海尔公司通过国美、苏宁等连锁分销网络销售海尔的各种产品。

3）二级渠道。是指有两级中间商，即批发商和零售商的渠道，这是消费品分销渠道的典型模式。例如，恒源祥在各省均设立独家的总代理，再由该代理商去发展恒源祥的品牌专营店。

4）三级渠道。是指包含代理商、批发商和零售商的三级渠道结构。例如，格力空调一直使用省一级的总代理商去发展市县级的批发商以及更多的零售商。

更多层次的分销渠道比较少见。零级和一级渠道称为短渠道，其余称为长渠道。如果想对产品分销施加更高程度的控制，制造商会选择短渠道。

（2）渠道结构的密度

制造商在分销渠道的某一层次上使用同类中间商数量的多少，称为渠道结构的密度。使用同类中间商多的情况称为宽渠道，如宝洁公司几乎使用了所有的零售商来销售其产品；使用同类中间商少的情况称为窄渠道，如劳力士手表仅在一个地区设立一个零售商。分销渠道结构的密度有三种常用概念，即密集分销、独家分销和选择性分销。

1）密集分销。即要在某一层次上（多为零售商）使用尽可能多的中间商，以构成覆盖面宽广的分销网络。例如，便利消费品、食品、日化品等多采取密集分销，以提供大量的购买地点和便利性。

2）独家分销。即在某一层次上只使用一家中间商来覆盖特定的区域市场。独家分销是最窄的分销渠道，仅适用于特殊品。例如，某些技术性强的商品、单价昂贵的耐用消费品或高端名牌商品等。

3）选择性分销。即制造商按照特定条件精选几家中间商来经销自己的商品，一般适用于选购品的营销。例如，大型家电、服装、图书等。

（3）渠道结构的中间商类型

有许多类型的中间商可以选择，尤其在零售商层次上。例如，食杂店、折扣店、超市、仓储式会员店、百货、专业店、购物中心等。制造商在选择使用何种类型的中间商时，应试着打破常规，寻找合适的中间商。而且，创新的分销渠道策略，往往会取得难以模仿的竞争优势，如戴尔电脑的“网络营销+定制+第三方物流”的渠道结构，就为其获得了核心竞争力。

5. 现代分销渠道的系统结构

随着企业生产经营的复杂化和企业对销售渠道认识的加深，分销渠道模式出现了如下特点及类型。

（1）分销渠道的纵向联合

分销渠道的纵向联合又称垂直销售系统，是指用一定的方式将分销渠道中的各个环节联合起来，寻求共同目标下的协调行动，以促进分销活动整体效益的提高。这种纵向联合的分销渠道大致有三种形式。

1）公司式。由一家公司拥有和管理若干工厂、批发机构、零售机构，控制销售渠道的若干层次甚至整个销售渠道，综合经营生产、批发和零售业务。

2）管理式。即通过渠道中一个规模较大或实力较强的成员来协调整个产销通路的渠道系统，品牌产品的制造商更容易获得批发商的合作与支持。例如，佳能、宝洁等公司可能博得中间商在产品陈列、展示、促销和价格政策方面的合作。

3）合作式。即不同层次的独立的制造商和中间商，以合同为基础建立的联营形式，包括批发商自愿连锁店、零售商合作社、特许专卖机构。例如，制造商组织的零售商特许专卖系统，服务公司组织的零售商特许专卖机构。

（2）分销渠道的横向联合

分销渠道的横向联合又称水平式渠道系统，是指分销渠道内同一层次的若干企业采取横向联合的方式，合资或合作开辟新的营销机会，组成新的渠道系统。例如，在商场内设立银行营业所和自动提款机，一方面银行降低了业务开办成本，另一方面商场为顾客提供了存取款的便利，可以有效提高客流量。

（3）多渠道分销系统

多渠道分销系统，即对同一或不同的分市场，采用多条渠道的分销体系。随着顾客分市场和可能产生的渠道不断增加，越来越多的企业采用多渠道分销方式。例如，通用电气公司不但经由独立零售商销售产品，而且还直接向建筑承包商销售大型家电产品。又如，近几年国内的软饮料行业，同一品牌的产品中，罐装和瓶装产品通过传统的营销渠道销售，而杯装产品则通过专用的饮料分装机在大街小巷销售，更好地满足了不同顾客的需求。

（4）网络分销系统

这是一种现阶段正在快速发展的分销渠道系统，是对传统商业销售运作的一次革命。企业通过互联网络发布商品及服务信息，接受消费者或用户的网上订单，然后由自己的配送中心或委托第三方公司进行配送，如网络书店、网络花店、网络药店等。

在实际策划中应多角度考虑销售渠道的模式结构，根据产品与企业的情况选择最佳的渠道。

二、分销渠道的设计

1. 渠道设计的原则

（1）渠道成长性

渠道的质量效率必须能够支持企业长远、稳定地发展。

（2）渠道可控性

渠道策略必须体现企业对整个销售网络核心的控制力度。

（3）渠道经济性

渠道策略在确保完成企业总体发展目标的前提下，尽可能走低成本、市场化的道路。

（4）渠道适应性

渠道策略必须和企业总体发展策略相匹配，具有前瞻性和竞争性。

（5）渠道安全性

渠道的监控和管理机制必须适应市场竞争环境的要求。

2. 影响分销渠道设计的因素

（1）产品因素

产品因素主要包括产品单位价值、产品大小与重量、产品的耐腐性、产品的技术性和服务性、产品的款式、产品标准化程度及企业开发的新产品等内容。产品单位价值越高，产品体积与质量越大，运输成本越高，其分销渠道应越短；同时，容易腐烂、技术性和服务性较强、款式新潮容易过时的产品，也应选择较短的分销渠道以提高产品的流转速度，尽快与消费者见面。

（2）市场因素

一般情况下，产品销售范围越广，则分销渠道就越长。如果某种产品的潜在顾客分散在全国范围内，制造商就要通过若干不同的中间商转卖给潜在顾客，使用较长的分销渠道。消费者的购买习惯也会影响分销渠道的选择。一些日用生活必需品，其价格低，消费者数量大，购买频率高，顾客不必做仔细的挑选，随时随地都能买到，制造商应尽量多采用中间商来扩大销售网点，其分销渠道应长而宽。在考虑竞争情况时，制造商要尽量避免和竞争者使用相同的分销渠道。销售季节性的变化、节日商品市场的其他特点也是企业选择分销渠道时应考虑的因素。经济形势变化将引起市场需求的变化，也会影响渠道模式的选择。在经济发展迅速、市场繁荣、需求量上升时，制造商会考虑增加销售点，扩大销售网；而在经济萧条、市场低迷、需求量下降时，则需要减少流通环节，以降低成本和售价。另外，制造商在选择分销渠道时，要遵守国家的有关法律和规定，使用合法的中间商，采用合法的销售手段，否则，将受到法律制裁。

(3) 制造商自身的因素

制造商的声誉高，资金雄厚，便可以自由选择分销渠道，甚至还可以建立自己的销售网点，采取产销合一的方法经营，而不经过其他中间商。制造商自身的销售力量和销售经验、制造商对分销渠道的控制要求、制造商提供服务的态度和能力，这些都是影响分销渠道的重要因素。如果制造商愿意为最终消费者或用户提供更多的服务，可采用较短的分销渠道。

(4) 中间商因素

中间商的选择主要考虑信誉、实力、合作的可能性、费用和服务等，要与构建渠道的要求相适应。

1) 信誉和实力。制造商一般选择信誉好、实力强的中间商进行合作。

2) 合作的可能性。如果中间商普遍愿意合作，制造商可利用的中间商较多，渠道就可长可短、可宽可窄，否则，就只能选择较短、较窄的渠道。

3) 费用。利用中间商分销，要支付一定的费用，若费用较高，制造商只能够选择较短、较窄的渠道。

4) 服务。如果中间商可以提供较多高质量的服务，则制造商可选择较长、较宽的渠道；如果中间商无法提供所需要的服务，制造商就只能使用较短、较窄的渠道。

(5) 社会环境及传统习惯因素

这一因素主要是指国家的方针政策及对产品分销渠道的限制情况以及传统的销售习惯、购买习惯和营销习惯等对分销渠道的影响。如在经济不景气的情况下，制造商要求以快速经济的方法把产品推向市场，这就意味着要利用较短的渠道，减少流通环节，以降低商品价格，提高竞争力。另外，国家有关商品流通的政策和法规也会影响分销渠道的选择。如由国家或主管部门实行严格控制的产品和专卖性产品，其分销渠道的选择必然受到制约。

3. 分销渠道的设计流程

一般来说，分销渠道设计要经过六个步骤，如图 4—3—2 所示。

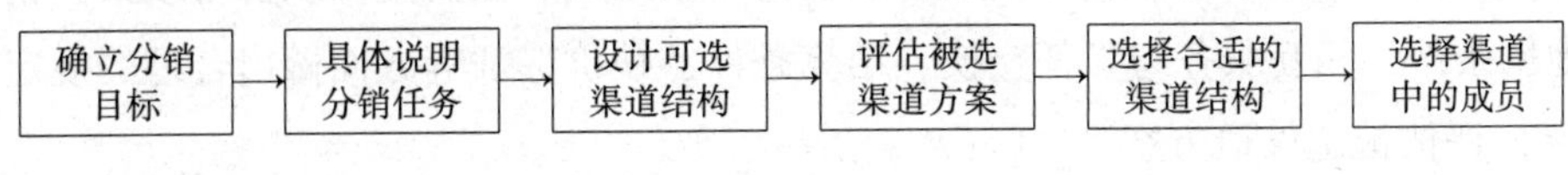

图 4—3—2 渠道设计流程

(1) 确立分销目标

分销渠道建设的目标通常有以下几种。

1) 高渗透率。例如，将现有的经销店由 100 家扩充到 180 家。

2) 开发新的销售渠道。制造商开发出新的产品或利用新的市场机会，需要开发新的销售渠道。

3）确定各种销售渠道的铺货比例组合。制造商可依据各种销售渠道的获利情况、政策需要和竞争策略等，设定铺货组合目标如百货公司25%、超级市场40%等。

4）提高经销商的销售周转率。这是制造商提高经营效率的重要目标。

5）确定物流成本及服务质量目标。财务人员往往强调物流的成本，但是，一味地降低物流成本而忽视客户满意度，也是市场营销所不能接受的，因此确定物流成本及服务质量目标也是销售渠道的一项重要目标。

6）确定制造商及经销商拥有的目标。

7）确定不同销售渠道的投资回报率。

（2）具体说明分销任务

确定了分销目标之后，就面临着根据这些目标分解分销任务的事宜。渠道设计者必须详细具体地说明存在什么分销职责或任务。

（3）设计可选渠道结构

渠道设计的标准：以最快的速度、最好的服务质量、最少的流通费用，把商品送到消费者手中。为此应做到：①能够不间断快速地使商品到达，②有较强的辐射功能，③具有商流与物流一致性特点，④能够带来显著的经济效益。

制造商在设计分销渠道时主要包括确定渠道模式、确定中间商的数量、规定渠道成员的权利和责任三方面的内容。

1）确定渠道模式。即决定渠道的长度结构。一般情况是下，大多数工业品技术复杂、价格高、需要安装、经常需要维修服务，用户对产品规格、配套、技术性能有严格要求，交易谈判需较长的时间；大宗原材料用户购买量很大，购买次数少，用户数量有限，宜采用直接销售。其余状况宜采用多级结构。

2）确定中间商的数量。这主要取决于制造商希望产品在目标市场上扩散的范围、产品本身的特点、市场容量的大小和需求面的宽窄。在广泛分销、独家分销和选择性分销这三种形式中综合考虑企业自身特点、产品特点、消费者习惯及竞争对手状况来进行选择。

3）规定渠道成员的权利和责任。在确定了渠道的模式和中间商之后，制造商还要规定与中间商彼此之间的权利和责任。制造商与渠道成员主要应该从价格政策、销售条件、地域条件、相互服务与责任交换、结算条件、跌价保证等方面做出合理的规定。

（4）评估被选渠道方案

评估方案可以从经济性、可控性和适应性等几个方面进行。经济性标准评估即主要是比较每一方案可能达到的销售额水平及其费用水平。可控性标准评估即可控程度越低，渠道越长，控制问题就越突出，对此需要进行多方面的利弊比较和综合分析。适应性标准评估即主要是考察中间商在每一种渠道承担的义务与经营灵活性之间的关系，包括承担义务的程度和期限。

（5）选择合适的渠道结构

选择合适渠道结构的方法通常有三种：财务方法、交易成本方法和经验法。应结合制造商具体情况，如市场、竞争者、中间商、环境等因素具体选择合适的渠道结构。

（6）选择渠道中的成员

对制造商来说，渠道的成员包括制造商自己建设的营销队伍、营销机构、专业代理商、经销商。一般制造商选择渠道网络成员的步骤如下。

1）决定是否需要自建营销机构。自建营销机构可以实现企业对产品的控制力，也可以取得成功，如美的、格力等公司。长虹电视上世纪末曾在山东省某市的市场遭拒售就是因为缺乏自营机构所致。一般来讲，是否自建营销机构可从以下两方面考虑。

首先，从经济标准来看，制造商自设营销机构所消耗的营销成本与制造商选择经销商和代理商所消耗的营销成本，在某一个销售水平点上是相等的。

其次，从控制标准来看，制造商营销机构的组建将强化对渠道网络的管理。营销机构使制造商直接面对顾客，所以渠道的畅通性、市场推广的力度、市场终端管理与控制的力度等，都要优于选择代理商和经销商。

2）选择经销商。制造商寻找经销商需要考虑经销商的市场规模、经销商的产品政策、经销商的地理位置优势、经销商的产品知识、与经销商预期合作的程度、经销商的促销政策和技术、经销商的综合服务能力等条件。

3）选择代理商。许多人将代理商和经销商混为一谈，实际上二者有着严格区分。一般来说，代理指企业委托客户销售商品或完成其他行为，以及国外企业委托国内客户销售商品或完成其他行为。其中受委托方就相应地成为代理商。经销商主要是指区域内批发商、零售商等中间商。代理商与经销商的主要区别是经销商拥有所销售商品的所有权，而代理商一般没有商品的所有权。

代理商按照是否有独家代理权，可以分为独家代理和多家代理；按照是否有权授予代理权，可以分为总代理和分代理；按照与制造商交易方式的不同，可以分为佣金代理与买断代理。

选择合适的代理商主要根据以下几个标准：代理商的信誉，经营规模，经营项目，销售网络，业务拓展能力，财务能力，营业地址，技术水平，政治、社会影响力和背景，同行的评价。

在营销网络确定时，要求制造商对代理商各方面条件进行严格审查，这是决定代理成败的关键。

4. 分销渠道的调整

制造商要根据市场的发展变化情况及时对渠道进行调整，特别是当分销渠道的运行偏离了计划，消费者的购买模式发生了变化，市场进一步扩大，新的竞争对手出现，新形式的分销渠道出现，产品进入生命周期的衰退阶段等情况下，更需要对渠道进行调整。

分销渠道的调整涉及三个层面：第一层面的调整幅度最小，不改变分销渠道的整体构成，仅仅是增加或减少个别中间商；第二个层面是对分销渠道进行较大幅度的调整，增加分销渠道成员或减少业绩低于某种控制线的所有分销渠道成员；第三个层面是调整分销渠道的构成，形成新的分销方式，因此要大幅度地调整中间商及其职责范围。

（1）增减渠道成员

根据企业的整体战略规划和对中间商评估的结果，对那些不能完成制造商的销售定额，并影响制造商市场形象的个别中间商，要终止与他们的购销关系。另一方面，通过认真的评估，吸收积极性高、业绩良好、形象信誉卓著的中间商。

在实际业务中，增减渠道成员最好的办法是采用整体系统模型来测量某一决策对整个分销渠道系统的影响，而不是单纯依据增量分析的结果采取具体行动。

例如，某汽车制造商在某城市授予另一新经销商特许经营权这一决策，会影响其他经销商的需求、成本和士气，而该新经销商加入渠道系统后，整个系统销售额就很难代表整个系统应有的销售水平。

（2）增减渠道

分销渠道有许多种方式，随着形势的发展和变化，原有的分销渠道会在很多方面表现出不适应，而仅仅增减个别的渠道成员已经不能解决问题。这时，往往需要对渠道进行大的调整，增加一些新的渠道或减少一些不适应新形势的渠道。

（3）调整全部渠道

这是指制造商对所利用的全部渠道进行调整。如直接渠道改为间接渠道，单一渠道改为多渠道等。这种调整是最困难的，它不仅使全部销售渠道改变，而且还会涉及营销组合因素的相应调整和营销策略的改变。作为制造商，对调整全部渠道要特别谨慎，要进行系统分析，以防考虑不周，影响企业的全局销售。

任务实施

针对 A 汽车公司面临的市场环境及渠道现状，对渠道建设进行如下策划。

1. 确立分销目标

H 产品渠道分销目标是通过树立直销网络的渠道领袖地位和培养一批高价值经销商队伍营造 A 汽车公司的渠道核心竞争力。

（1）直销网络的渠道领袖的目标

1）A 汽车公司直销网络零售能力总和占总销量 20%左右。

2）在经销商力量一般或薄弱地区，直销网络应成为微车零售主渠道。

3）直销专营店是展示或建设 A 品牌形象的主要载体之一，推动 A 汽车公司不断向前发展。

（2）高价值经销队伍的目标

1）高价值经销商的零售能力总和占总销量的50%左右。

2）高价值经销商在其经营区域内能发挥零售主渠道作用，具有与竞争对手经销商竞争的实力和能力。

3）高价值经销商是推进A汽车公司全国品牌建设的主力军。

2. 具体说明分销任务

（1）A汽车公司的目标市场份额为30%。

（2）渠道网络总体承载能力应达到销售目标的1.2倍。

（3）把进入轿车渠道作为一种战略性选择，这也是对目前微车主渠道的补充。

（4）电子商务作为一种营销渠道控制工具，可供宣传，但不做网上交易。

3. 渠道设计

（1）渠道结构设计

实现这一渠道目标的前提是在零售终端必须将A汽车公司分公司的渠道职能和组织职能彻底分开，形成公平竞争的渠道机制，如图4—3—3所示。

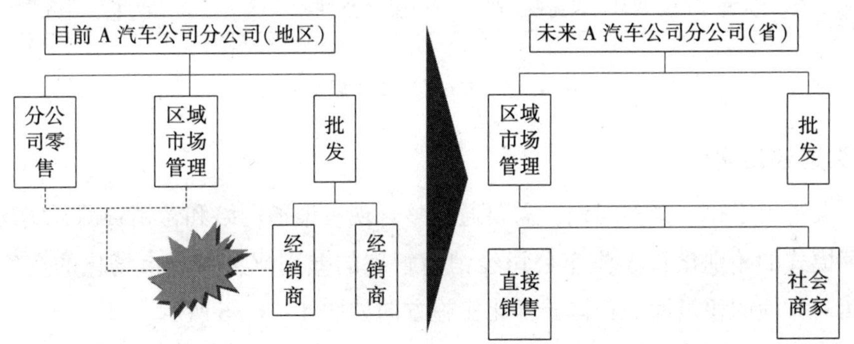

图4—3—3　企业组织结构变化图

实现渠道职能和组织职能分割后，形成垂直单线模式的渠道结构，如图4—3—4所示。

本渠道结构由省分公司统一对区域市场进行管理和控制，减少直供商与一般经销商的矛盾，直供商的利益可在销售政策中予以体现。有利于A公司对区域市场进行规范和统一管理，防止直供商利用其在总部直接进货的优势，在货源和价格方面冲击市场。

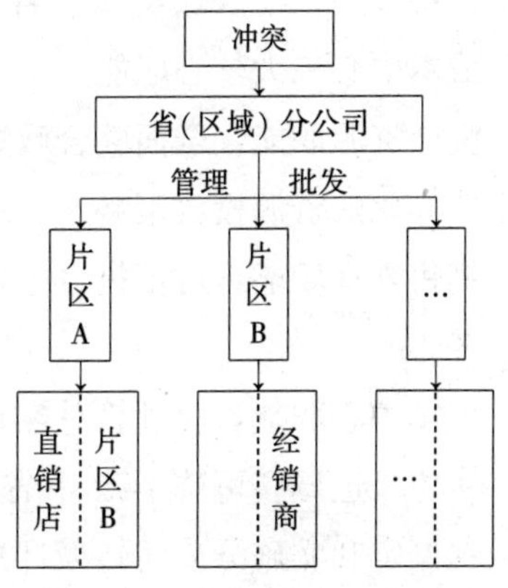

图4—3—4　垂直单线模式的渠道结构

各地分公司的组织管理职能和批发功能统一由省

分公司行使，直供商从总部和从省分公司进货原则上没有差别，进货价和终端零售价应与一般经销商保持一致。对直供商的优惠主要体现在年底返利上，不会影响直供商的积极性。

（2）新渠道扩展

在新渠道拓展方面，针对微车产品两极化和电子商务巨大的潜在价值，A 汽车公司应考虑利用高端产品进入轿车渠道体系，并着手构建未来电子商务的销售渠道控制平台。新渠道拓展策略如图 4—3—5 所示。

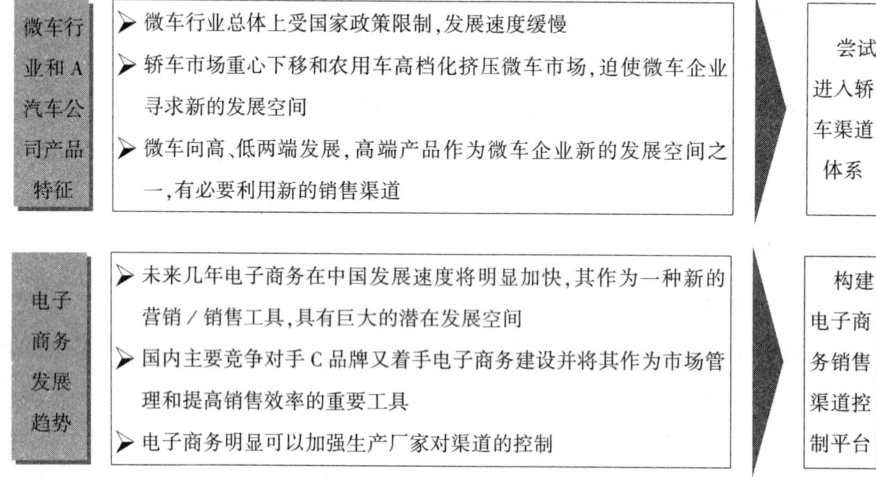

图 4—3—5　新渠道扩展策略

4. 渠道建设实施

现有渠道由于存在诸多问题，需要通过整合现有渠道网络和营销资源，实现分公司直销管理模式的差别化和 A 汽车公司经销商管理的差别化，采取市场化的竞争手段调动厂、商两方面的积极性。具体差异化实施方向如图 4—3—6 所示。

调整后的地区分公司作为 A 汽车公司的直销店不再具备市场管理和批发职能，省分公司将统一行使区域组织、管理和批发职能。各省分公司将承担整合资源、销售管理、成本中心三大核心职能。

整合资源职能：全面整合政策资源、调价资源、资金资源、广告资源和人力资源，决定差异化的资源投放策略。

销售管理职能：对销售目标负责，全权处理区域内客户开发、网络发展、市场管理等业务。

成本中心职能：对预算总额负责。

实施渠道调整可选 1~2 个省进行方案试点后，再分省逐步调整，省内调整一步到位。在制定和实施分公司转型计划时，要考虑制定一个清晰的转型过渡计划，尽量避免影响总公司总体营销目标的实现。

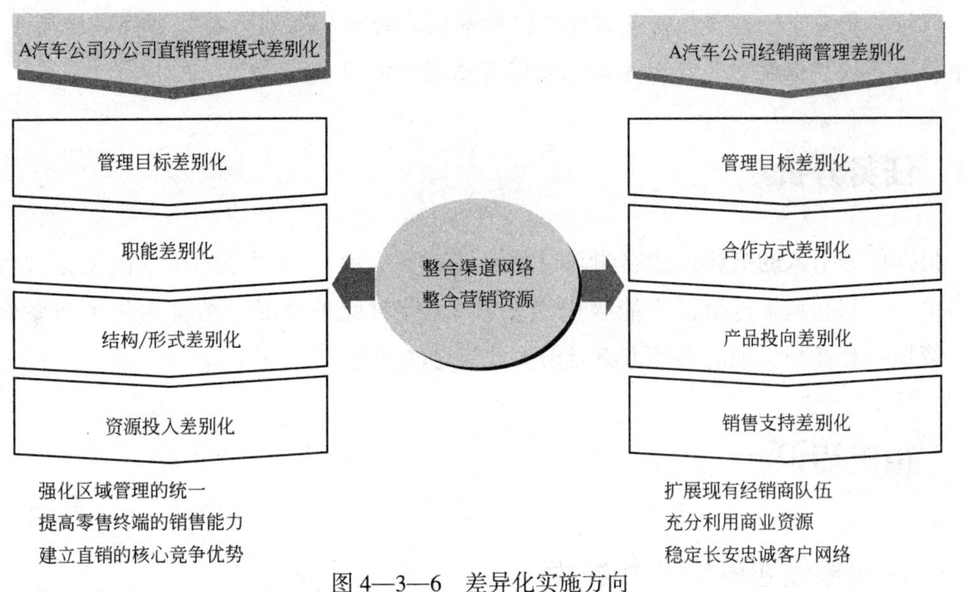

图 4—3—6　差异化实施方向

思考与练习

1. 简述分销渠道的设计流程。
2. 简述影响分销渠道的因素。

任务 4　销售促进策划

知识目标

➢ 明确销售促进策划的含义

➢ 掌握销售促进策划的方法

能力目标

➢ 能进行销售促进策划

任务引入

每逢节日，某城市各大商场都会刮起“满就送”的促销旋风，从最初的“满 100 送 10”，到后来的“满 200 送 80”，赠送力度越来越大，而效果却越来越差。形式单一的“满就送”活动不仅使消费者感到麻木，也使商家为了竞争的需要，不断摊薄利润，陷入恶性竞争的循环。

假设你是其中一家商场的营销经理，请带领你的团队策划一套销售促进活动方案，在千篇一律的“满就送”活动中加入更富有创意的促销手段。

任务分析

根据任务引入的描述，能够明确目前该城市各大商场所面临的市场困境是“促销手段单一，利润越来越薄，不能吸引消费者”。针对此种情况，结合本任务所学知识点，策划一套新颖详细的促销方案是解决此问题的关键。

相关知识

一、销售促进的含义和特点

1. 销售促进的含义

销售促进（Sales Promotion，简称 SP）是指刺激消费者或中间商迅速大量购买某一特定产品的促销手段，包括各种短期的促销工具。从这个定义可以看出，销售促进是指在短期内为了刺激需求而进行的各种活动，这些活动可以诱发消费者和中间商迅速大量地购买，从而促进企业产品销售的迅速增长。在市场营销理论中，销售促进与促销是有区别的。促销是一个具体行为，而销售促进则是为了扩大销售影响而采取的销售策划。

2. 销售促进的特点

（1）见效迅速

企业可根据顾客心理和市场营销环境等因素，采取针对性很强的促销方法，向消费者提供特殊的购买机会，具有强烈的吸引力和诱惑力，能够唤起顾客的广泛关注，立即促成购买行为，在较大范围内收到立竿见影的功效。

（2）有一定的局限性和副作用

有些方式显现出卖者急于出售的意图，容易造成顾客的逆反心理。如果使用太多或使用不当，顾客会怀疑此产品的品质、品牌或价格是否合理，给人以“推销的是假货”的错觉。

（3）直观的表现形式

许多促销工具具有吸引购买者注意力的性质，可以打破顾客购买某一特殊产品的惰性。它们告诉顾客这是永不再来的一次机会，从而形成很强的吸引力。

（4）活动和政策的短期性

销售促进活动的开展只在某一特定时期内进行，活动不可能长期开展。活动期间采取的优惠促销政策也只能在活动期内有效，活动结束后营销政策就要恢复到正常水平。

如果活动经常化和长期化，那就失去了销售促进的意义。

(5) 目标明确且容易衡量

销售促进活动的开展都有一个十分明确的营销目标。销售促进活动方案是否有效，关键就看活动结束后销售促进目标的实现程度。

(6) 与沟通群体的互动性可以形成良好的商业氛围和商业关系

销售促进活动往往需要消费者或中间商积极参与，只有把他们的积极性调动起来，刺激其需求，促进其消费，才能达到企业的目的。因此，销售促进活动方案强调与沟通群体的互动性，形成良好的商业氛围和商业关系。

二、销售促进策划

1. 销售促进策划的要求

(1) 通常是做短期考虑，为立即见效而设计，常常有限定的时间和空间。

(2) 销售促进策划注重的是行动，要求消费者或经销商的亲自参与。

(3) 销售促进策划工具应具有多样性。

(4) 销售促进策划在特定时间提供给购买者一种激励，以刺激其购买某一特定产品。通常此激励或为金钱、或为商品、或为一项附加的服务，这将成为购买者购买行为的直接诱因。

(5) 销售促进策划见效快，效果立竿见影，能够快速促进销售量的提升。

总之，销售促进策划的最大特点在于，它主要是战术性的营销工具，而非战略性的营销工具，它提供的是短期刺激，会导致消费者直接的购买行为。

2. 销售促进策划的流程

销售促进策划是一项系统工程，需要对销售促进的每一个环节进行一系列的策划，具体可分成以下五个步骤。

(1) 确定销售促进的目标

策划的第一步是要充分把握委托者的意图，确定该时期的销售促进目标是什么，然后有针对性地设计活动来达到目标。根据企业促销对象的不同，销售促进目标也不同，具体见表4—4—1。

表4—4—1　　确定销售促进的目标

目标	方法	举例
针对消费者的销售促进	新产品上市时经常采用免费试用等方式吸引消费者	汽车销售中的试乘试驾活动
	争取其他品牌的使用者转向本品牌	电视机的以旧换新销售促进活动
	鼓励现有消费者持续购买	餐饮企业的满额赠券活动

续表

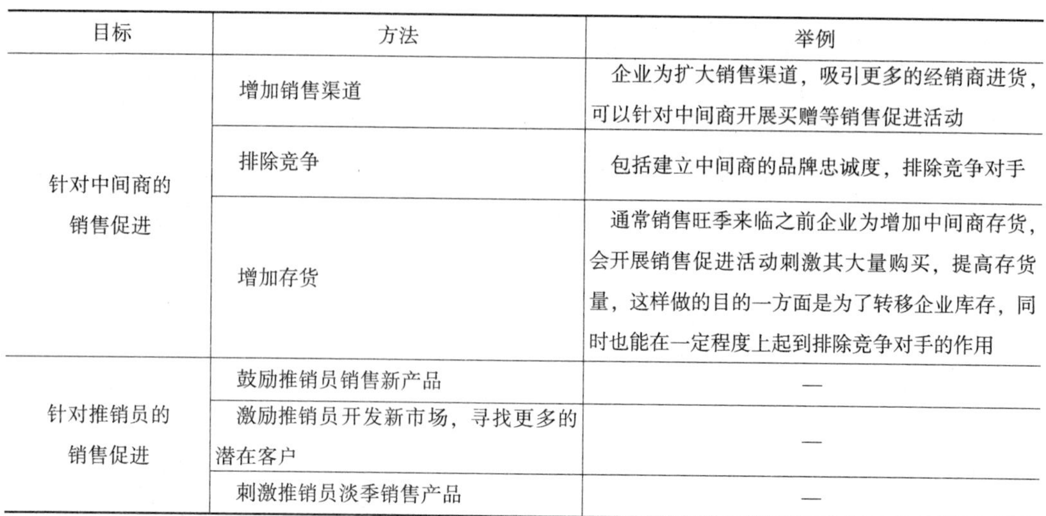

目标	方法	举例
针对中间商的销售促进	增加销售渠道	企业为扩大销售渠道，吸引更多的经销商进货，可以针对中间商开展买赠等销售促进活动
	排除竞争	包括建立中间商的品牌忠诚度，排除竞争对手
	增加存货	通常销售旺季来临之前企业为增加中间商存货，会开展销售促进活动刺激其大量购买，提高存货量，这样做的目的一方面是为了转移企业库存，同时也能在一定程度上起到排除竞争对手的作用
针对推销员的销售促进	鼓励推销员销售新产品	—
	激励推销员开发新市场，寻找更多的潜在客户	—
	刺激推销员淡季销售产品	—

（2）选择销售促进工具

选择销售促进工具是指企业为了达到销售促进的目标而选择最为恰当的销售促进方式。主要方式有：赠送样品促销、优惠券促销、减价优惠促销、赠品促销、交易印花促销、销售点陈列和商品示范表演促销、中间商促销、业务会议和贸易展览促销、奖金和竞赛促销。

在选择销售促进工具时要考虑以下因素：

1）销售促进目标。特定的销售促进目标往往对销售促进工具的选择有着较为明确的条件制约和要求，从而限定销售促进工具选择的可能范围。

2）产品特性。考虑产品处于生命周期的哪个阶段，根据产品不同阶段表现出的不同市场特点，选择对应不同的营销策略，此外还应考虑产品种类。

3）销售促进对象（消费者、经销商、零售商）。不同的对象有不同的偏好，消费者往往比较感性，而经销商、零售商的购买行为却很理性。因此针对不同的推广对象要选择合适的销售促进工具。

4）竞争对手的情况。企业在选择销售促进工具时，最好参考竞争对手以往开展促销活动时采用的销售促进工具，分析对手为什么选择这种工具，有什么优势及劣势。

5）销售促进预算。在选择销售促进工具前要“量入为出”，根据本次销售促进活动的预算确定选择哪种工具。

（3）制定销售促进策划方案

当销售促进的创意确定以后，必须按一定的规则将其文案化，以指导销售促进工作的实施。销售促进策划方案没有固定不变的模板，一般而言，销售促进策划方案主要包含以下内容。

1）市场调研分析，主要是对产品当前面临的市场环境进行分析与预测。

2）销售促进目标，包括总体目标和目标的分解。

3）销售促进方法，即采用何种销售促进方法。

4）销售促进范围，包括产品范围和市场范围。

①产品范围：不管是制造商还是经销商出于各方面因素的考虑都不会经营单一的产品，因此设计销售促进方案之前应考虑本次销售促进活动是针对整个产品系列还是仅对某一种产品；是针对市场上正在销售的产品销售促进，还是针对特别设计包装的产品销售促进。

②市场范围：一次销售促进活动可以针对全国甚至全世界所有的市场同时开展，也可以只针对某些地区开展，或在很多市场同步推出，在方案中应明确写出。

5）确定折扣率，要对以往的销售促进实践进行分析和总结，力求引起最大的销售反应，并结合新的环境条件确定适合的刺激程度。

6）选择销售促进对象，即是针对消费者、中间商，还是推销员。

7）销售促进媒介的选择，决定如何将本次活动的信息传递给目标对象。

8）销售促进时间的选择，包括何时宣布、持续时间及频率等。企业举办销售促进活动一般会选择以下时机开展：传统节假日，如端午节；重大社会活动，如申奥成功、企业周年庆典；引进外国文化的节日，如情人节、母亲节；竞争对手开展活动时。

9）销售促进预算，预算方案要根据企业销售促进的目标和范围等，确定一个适当的促销规模，制定出企业的促销经费预算，并将销售促进经费和资源分配到各种促销工具中形成预算安排。

除了以上内容之外，为保证销售促进活动的顺利开展，还必须制定其他的一些条款。如针对消费者的销售促进，要确定奖品的具体兑换时间、优惠券的有效期限、游戏规则等。对中间商的销售促进应明确付款的期限、购买的数额等。

（4）实施策划方案

由于销售促进活动不仅需要耗费企业可观的费用，而且是一项公开的社会活动。因此企业实施销售促进方案之前首先必须对销售促进策划方案进行检验，审查通过后可小规模地选择几个卖场进行试点，通过试验改进方案中的不足。

在方案正式实施阶段，企业相关负责人一定要做好控制工作，保证销售促进活动严格按照具体操作计划来实施；同时，及时搜集活动过程中的信息，制定相应的应对措施。

（5）评估销售促进效果

企业为了保证销售促进活动按计划高效率地进行，保证销售促进工作的成效，对每一次销售促进活动都要进行评估，从而总结经验，寻找不足之处，为企业改进销售促进工作提供依据，也为企业今后的销售促进工作提供宝贵的经验。评估方法有以下几种。

1）比较销售促进活动前后销售额的变化幅度。这是最为常见的销售促进活动效果的评估方法。在销售促进活动之前、之中、之后商品的销售额变化会呈现出不同的效果。在其他条件不变的情况下，可能出现的情况有四种，如图4—4—1至图4—4—4所示。

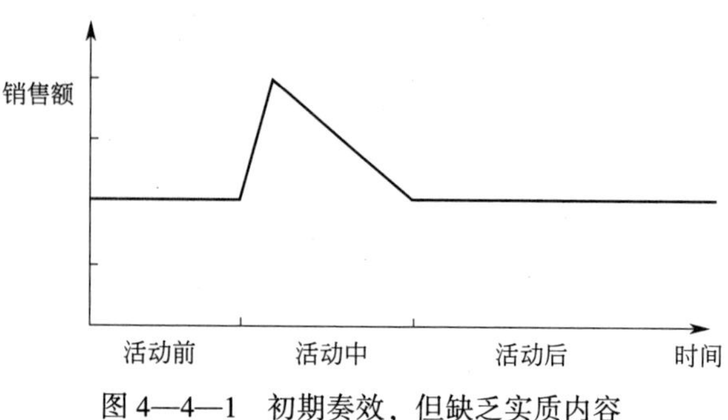

图4—4—1　初期奏效，但缺乏实质内容

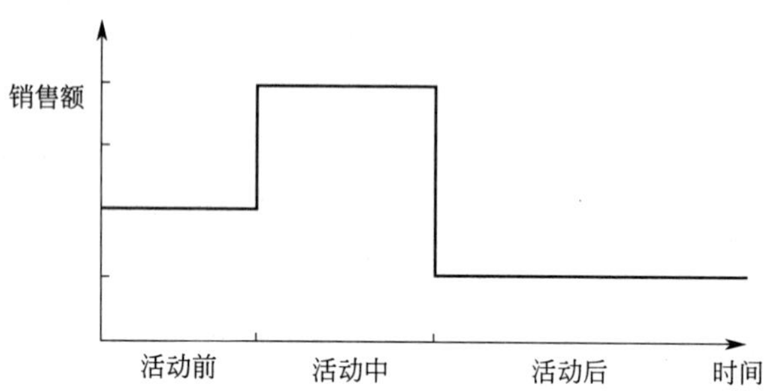

图4—4—2　销售促进活动影响不大，且引起不良后果

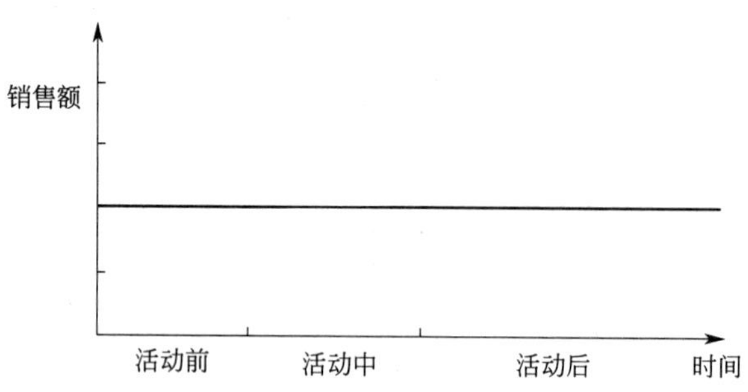

图4—4—3　没有影响，销售促进活动费用浪费

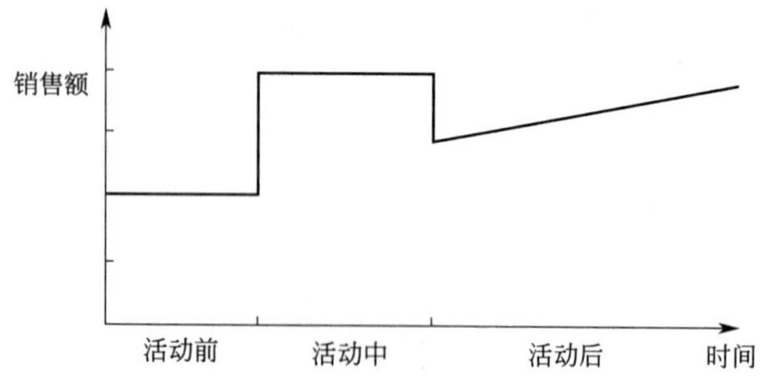

图4—4—4　效果明显，且对今后有积极影响

2）直接观察消费者对促销活动的反应。该方法操作简单，当促销前后销售额不易统计时，则可采用此方法，也可作为第一种方法的补充，与其配合使用。该方法主要是观察消费者反应，如对消费者参加竞赛和抽奖的人数、优惠券的回报率、赠品的偿付情况等加以统计，从中得出促销效果优劣的评估。

3）对消费者实行抽样调查。这种方法尤其适用于评估销售促进活动的长期效果。具体做法是，寻找一组消费者样本，然后和他们面谈，了解有多少消费者还记得促销活动、促销活动对他们的影响程度如何、对他们今后的品牌选择有何影响等，通过分析这些问题的答案，就可以了解到促销活动的效果。

三、针对消费者销售促进的方法

1. 赠品

赠品促销是指顾客购买商品时，以另外有价物质或服务等方式来直接提高商品价值的促销活动，其目的是通过直接的利益刺激达到短期内的销售增加。赠品能直接给顾客的实惠有两种：一是物质实惠，一定面值的货币能换取更多的同质商品，消费者自然乐意；二是精神实惠，也就是买后的顾客心理反应，产生愉快的购买感受。这种实惠加深了顾客对该商品的印象，有利于加强商品的竞争力，灵活运用于销售促进活动当中能够产生良好的效果。

赠品的选择原则有如下几个方面。

（1）易于了解赠品是什么，值多少钱，须让顾客一看便知。

（2）具有购买吸引力。

（3）尽可能挑选有品牌的赠品。

（4）要选择与产品有关联的赠品。

（5）紧密结合销售促进主题。

（6）赠品要力求突出，最好不要挑零售店正在销售的商品作为赠品。如果所选的赠品相当平凡，最好在赠品上印上公司品牌、商标或标志图案，以突出赠品的独特性。

值得注意的是，赠品活动不可过度滥用，经常举办附赠品的销售促进活动，会误导消费者认为该产品只会送东西，而忽略产品本身的特性及优点。

2. 免费样品派送

免费样品派送是指将产品直接送到消费者手中的一种促销活动，主要是针对潜在消费者。当一种新产品或改良的产品推向市场时，为了鼓励消费者试用，提高产品的知名度和美誉度，可以采取这种方法。许多企业通过采用这种促销的方式使其产品迅速被消费者接受，市场覆盖率迅速提高。

实施要点如下。

（1）适用产品有限制。主要适用以下产品：一是大众化的日用品，最好是每个人都可能用到且使用频率高的产品；二是产品成本应较低或可制成小容量的试用包装。此外，使用期限短的产品不适合使用此销售促进方式。

（2）设置监察制度，监督派送效果。

（3）根据企业营销策略确定具体的派送区域。

（4）在产品旺销季节派发。

（5）一个月内，派发若覆盖目标区域80%左右的家庭数，便较为理想。

（6）在新产品上市广告播出前3~5周，同时零售终端铺货率达到50%时，才可执行免费派送。

（7）要防止漏派、重派、偷窃、偷卖派送品的现象。

（8）派送品的规格大小以让消费者能体验出商品利益的分量就可以了。包装应与原产品包装色彩统一，便于消费者去零售点指定购买。

（9）注意派送人员的形象及礼貌用语，统一标识，并对其进行产品知识培训。

3. 折价券

折价券一般分为两种形式：一是针对消费者的折价券，二是针对经销商的折价券。在此仅介绍针对消费者的折价券。

实施要点如下。

（1）折价券的设计。通常按照纸币的大小形状来印制。折价券的信息传达应清晰，以引人注目。内容应用简单的文字将使用方法、限制范围、有效期限、说明文案一一描述。如果能加上一段极具销售感染力的文案诉求，以鼓励消费者使用，效果更佳。

（2）选择好兑换率高的递送方式。报纸广告虽然是目前最常使用的媒介，但包装内和包装上折价券的兑换率却是报纸的6~10倍。

（3）充分考虑折价券的到达率。针对消费者对商品的需求度、品牌认知度、品牌忠诚度，零售商对品牌的经销能力，折价券的折价条件，使用地区范围，竞争品牌的活动内容，广告的设计与表现等影响兑换率的问题，企业应制定相应的措施。

（4）折价券的面值。零售价10%~30%的金额是理想的折价券面值，也能获得最好的兑换率。

（5）尽量避免误兑发生。

1）限制每次购物仅使用一张折价券，回收后上交公司统一销毁。

2）折价券的价值不宜过高，以免不法分子伪造获利。

3）单一品牌的折价券，其价值不应超过产品本身的价值。

4）折价方法清晰易懂，务必让分销店易于处理和承兑。

5）限制在某一特定商店或连锁店使用。

4. 减价优惠

减价优惠是指企业直接将产品的零售价格调低一定的幅度后进行销售。

实施要点如下。

（1）减价优惠至少要有 15%~20%的折扣，并要有充分的理由，才能吸引消费者的购买；当减价优惠只有 6%~7%时，只能吸引某些老顾客的注意。如果是低市场占有率的产品，应对领导品牌实行更高的减价优惠，才能增加销售效果。此外，新品牌运用效果要优于旧品牌。

（2）减价标示牌的设计。要把原价及减价后的现价同时标注在标示牌上，形成鲜明的对比。标示牌的大小应适中，讲求美观和清晰，但不能影响消费者对商品的观察。

（3）减价优惠不易频繁使用，否则会有损品牌形象。

（4）消费者购物心理有时候是“买涨不买落”，要把握时机利用消费者此种心理来促销产品。

（5）要特别注意促销现场的安全管理。

5. 自助获赠

自助获赠是指顾客将购买某种商品的证明附上少量的金钱换取赠品的形式。

实施要点如下。

（1）需要媒体广告配合。

（2）赠品价值。通常选择低价的物品，且选择时必须考虑赠送是否适当，销售促进的支持是否充足，是否符合消费者所需。

最理想的兑换赠品付费，应该是比赠品市面零售价低 30%~50%，大部分的付费赠品以 10~80 元为主要范围。

（3）效果反应。一般兑换率不会超过此活动的媒体广告发布率的 1%。影响兑换率最主要的因素在于赠品的好坏、顾客阶层、商品的售价和对销售促进优待价值的认同等。

（4）出色的自助获赠促销活动，关键在于所提供的赠品只能从此次赠送中获得，无法从别处得到。

（5）限制兑换地点。

6. 退款优惠

退款优惠是指消费者提供了购买商品的某种证明之后参与抽奖，根据抽奖额退还其购买商品的全部或部分金额。

7. 以旧换新

以旧换新是指消费者在购买新商品时，如果能把同类旧商品交给商店，就能折兑一定的价款，旧商品起着折价券的作用。其目的主要是为了消除旧商品形成的销售障碍，避免消费者因为舍不得丢弃尚可使用的旧商品而不购买新商品。

实施要点如下。

（1）对旧商品折价一般考虑以下因素。

1）新商品定价高，销售利润高，旧商品的折价幅度也可高些。

2）如果同类竞争性商品也在进行销售促进活动，那么折价幅度可高些。

3）名牌商品折价幅度可低一些，非名牌可高一些。

（2）对旧货确定不同的折价标准。

（3）必要时，需向消费者公布所回收旧货的去向。

（4）所回收旧货应尽可能加以利用，以降低销售促进活动成本。

（5）选择销售促进时机。

（6）为方便消费者，可将此活动纳入社区推广活动中。

8. 信用消费

信用消费也称为消费信用，它是一种从商业信用和银行信用中独立出来的信用形式。消费者凭借自己的信用先取得产品的使用权，然后通过信用消费来取得产品的所有权。

信用消费主要有分期付款、消费贷款、按揭贷款、租赁消费四种。

（1）分期付款。分期付款是一种中长期信用消费。分期付款作为一种无抵押信用消费，厂家或商家承担了较高的风险。

（2）消费贷款。消费贷款是分期付款的特殊形式。分期付款的实质是企业垫付，风险较高对企业是不公平的。而通过消费信贷购买产品既为消费者提供了方便，也为生产企业降低了风险，是很好的销售促进活动方式。一般在实施的时候，银行都会要求担保和资产抵押等。

（3）按揭贷款。按揭贷款是消费贷款的特殊形式，即“买什么押什么”。

（4）租赁消费。通过租赁来促进销售也是机电行业中的一种常用策略。尤其是大型机电设备和工程设备等生产资料，由于投资大，回收慢，一般中小企业不能一次性投资购买，只能向一些专业的租赁公司租用。

9. 免费试用

消费者通过免费试用，来体验产品的性能，以促进购买，如汽车行业销售中常用的试乘试驾就取得了较好的效果。用户通过试乘试驾，可以加强对汽车的了解，培养对汽车的情感，进而产生购买动机。有调查数据表明，消费者在试乘试驾后，决定购买的可能性是在展室内参观后决定购买的 5 倍。

四、针对中间商销售促进的方法

1. 价格折扣

价格折扣的主要形式见表 4—4—2。

表 4—4—2　　价格折扣的主要形式

形式	说明	折扣范围
现金折扣	为了提高公司资金周转率，对现金付款的客户给予的优惠	
数量折扣	主要分为累计性数量折扣和一次性数量折扣	通常是 2%~7%
季节折扣	是用来均衡产品淡旺季利润的方式	最大 30%~40%，通常只有百分之几
销售折扣补贴	分为衰退期产品补贴和完成任务折扣补贴两种	通常为 2%~5%
功能折扣	根据渠道中的不同功能给予不同的折扣	—
协作力度折扣	分为陈列展示折扣、按指定价格出售、开展销售促进活动给予支持配合	—

2. 派员协助

派员协助是为了协助商家拓展市场，提高经营管理水平，由厂家派出业务人员到商家处协助工作，业务人员在协助工作期间一般由厂家负担费用，阶段性协助工作结束后再回到厂家。

3. 订货会

订货会是一种面向商家的销售促进活动形式。一般来说，订货会是由企业自办或行业联办，通过发函或广告，邀请那些用量大的直接用户或销量大的商家到会，向他们发布信息，介绍产品，与他们联络感情，建立关系，并通过洽谈来达到争取订单和推广产品的目的。

4. 合作广告

合作广告是指厂家和中间商之间的一种广告安排，由厂家分摊一部分中间商为厂家的产品所推出的广告活动的媒体成本，厂家分摊的金额通常按照购货数量决定。

任务实施

通过任务引入案例，可以看出当务之急是设计新的销售促进活动方案。具体步骤如下。

1. 确定销售促进的目标

目前消费者对“满就送”活动已经麻木，而商家利润也越做越少，针对此种情况设计的促销方案重点不在于折扣力度上，其目标要定位于打破消费者的麻木心理，调动起消费者的参与热情，持续吸引新老顾客的光临购买。

2. 选择销售促进的工具

针对销售促进的目标，同时结合市场现状——即消费者对“满就送”已经习惯这一事实，要结合“满就送”创新性地设计一些趣味性促销工具，降低一部分折扣，增加活动趣味性和参与性。可采纳以下几种促销工具。

（1）满就送。主要可让“满就送”的优势继续发挥，使已购物的顾客发生重复购买行为，但要确定合适的赠送幅度。

（2）掏金大行动。商场购鞋，现场掏金，掏多少，送多少，主要针对想购鞋的顾客，刺激其购买欲望。返还现金，顾客看得见，此活动可考虑延续到春节，但每次掏金金额要控制在合理的范围之内。

（3）不转白不转。该活动面向所有顾客，主要是降低顾客参与门槛，提高顾客参与活动的积极性，吸引人流，增加人气。

3. 制定销售促进策划方案

具体销售促进策划方案如下。

××酬宾促销策划方案

一、市场分析

目前各大商场刮起的“满就送”促销旋风，从最初的“满 100 送 10”，到后来的“满 200 送 80”，赠送力度越来越大，但是消费者对此已经麻木，无新鲜感，销售促进的效果越来越差。而“满就送”促销手段也导致商家利润越来越少。但是由于消费者已经习惯“满就送”的活动形式，故此次促销活动主旨只能围绕“满就送”开展，同时附加形式新颖且吸引消费者的活动。

二、销售促进目标

本次销售促进目的是吸引消费者的眼球，调动消费者的参与热情，创造新年销售新高峰。具体目标如下。

1. 活动期间销售额达到 600 万元人民币。

2. 吸引顾客参与量 6 000 人次。

3. 费用控制在预算内。

三、活动主题：新年送礼三重奏

活动副标题：满就送、掏金大行动、不转白不转。

四、活动时间：2017 年 12 月 13 日至 2018 年 1 月 14 日

五、总体思路

本次活动期间三大促销手段联合推出，使每种活动的优势互补，力度更大，效果更好。

（1）满就送：主要可让“满就送”的优势继续发挥，使已购物的顾客发生重复购

买行为，但要减小赠送幅度。

（2）掏金大行动：商场购鞋，现场掏金，掏多少，送多少，主要针对想购鞋的顾客，刺激其购买欲望。返还现金，顾客看得见，此活动可考虑延续到春节，但每次掏金金额必须控制在30元以内，同时减小“满就送”的力度，以降低促销费用。

（3）不转白不转活动：该活动面向所有顾客，主要是降低顾客参与门槛，提高顾客参与活动的积极性，吸引人流，增加人气。

六、活动实施细则

1. 满就送

（1）满200送100（60礼券+40茶券）。

（2）满400送200（120礼券+80茶券）。

注：①限送200；

②凭购物小票领礼券。

2. 掏金大行动

（1）顾客凭本公司各连锁商场周五、周六、周日当日购物小票掏金，掏多少，送多少。

（2）满200掏金1次，满400掏金2次，限掏2次。

（3）各分店均参与，掏金地点为重点商业区中的某个商场。

（4）掏奖箱内放弹珠若干颗，掏中红弹珠：5元，黑弹珠：2元，其他颜色：1元。

（5）限单手掏金，如果挤破掏金箱口或弹珠滑落，一律不计数。

（6）掏完后，由工作人员在单据上填写金额。

（7）凭单据和购物凭证领取现金，领取后加盖“已掏金”章。

（8）每次掏金金额在30元以内。

3. 不转白不转活动

（1）凭本公司各连锁商场周五、周六、周日当日购物小票参加转盘活动，满200元转一次，满400元转2次，限转2次。

（2）转盘分红、橙、黄、绿、白五种颜色，每种颜色对应一种礼品。

（3）奖项越高，面积越小，获奖概率为80%。

（4）转盘静止后，指针指向的区块为参与者所得礼品。

（5）当场发放礼品。

（6）顾客得到奖品后，在购物凭证上加盖“已转完”章。

4. 活动流程

登记：顾客将购物小票给工作人员，工作人员登记商品号码并支付金额。

转转盘：顾客转动转盘，可获得指针指示的礼品。

发放礼品：工作人员发放相应礼品并盖章。

掏金：顾客凭购物凭证掏金。

发放现金：工作人员发放现金并盖章，要求顾客签字。

七、费用预算

广告及促销费用：

1. 报纸媒体：101 826 元。

2. 展板：2 804 元。

3. 海报：1 000 元。

4. 横幅：2 461 元。

5. 赠送礼品：14 429 元。

6. 赠送现金：34 222 元。

合计：156 742 元。

本次活动计划完成销售总额——6 000 000 元。

4. 评估销售促进效果

在活动结束后，需要对本次促销活动的效果进行评估，具体结果如下。

（1）目标完成程度

本次活动实际促进销售总额：7 520 000 元，超额完成销售目标。

（2）相关数据分析

1）掏金大行动。总共掏金 6 893 次，赠送现金 34 222 元，平均为 4.96 元/次，在预算之中。

2）不转白不转活动。共有 6 893 人次参加，赠送礼品 5 943 份，得奖概率为 86%，平均赠送礼品每人 2.09 元。

（3）活动实施阶段分析

1）第一周（12 月 14—16 日）：人流量最大，销售情况最好，一是天气好，且前几周一直下雨；二是天气渐冷，不少顾客为保暖而购鞋。

2）第二周（12 月 21—23 日）：12 月 22 日冬至，人流量不大，主要是不少人去扫墓，下午 3：00 以后开始生意转好。

3）第三周（1 月 1—3 日）：1 月 1 日为元旦，生意最好，出现排长队参加促销活动的现象，呈现第二次消费高潮，既有前几天已购物的消费者来参加活动，也有新加入的节日购物消费者。此后几天消费出现低迷状态。

4）第四周（1 月 11—13 日）：人流最少，销售进入低潮。

5）销售情况分析表：参照前段时间的日销量和周销量以及去年同期同一连锁商场的销售额。

5. 活动总结

（1）成功点

1）活动直接促进销售

主题促销活动促进销售主要有以下几种途径。

①增加人均购买量。例如，某位老年消费者 12 月 15 日购鞋后，参见“掏金大行动”掏了 8 元现金，12 月 16 日另购一双鞋，再掏两次，掏得 10 元现金。

②增加购买的人数。通过口碑宣传，吸引更多消费者购买。例如，某青年消费者 1 月 11 日购物一次，12 日又带了一位朋友来购物。

③提高人均购买次数。例如，某中年顾客购物 170 余元，不具备参加活动的条件，加购两双鞋垫，凑足 200 元，参加活动一次。

例如，三位青年买了四双鞋，参加了活动后，觉得好玩，又先后买了两双鞋。

2）现场气氛十分活跃，甚至于出现了多年来商场少有的排长队现象。

掏金活动在本城市由本店第一家推出，有较强的新颖性和趣味性，能调动顾客的参与热情。活动现场，特别是 12 月 15 日和 22 日上午 11 时至下午 5 时，顾客排起了长队，这边“不转白不转”，那边“掏金大行动”，五名工作人员忙得不可开交，十分热闹。顾客大都比较兴奋，特别是顾客在把手伸进掏金箱后的心情特别好，恨不得把弹珠全部抓上来。所获现金虽然不多，但掏金吸引力特别大，有的顾客为了四五元钱而排了一个多小时的队。

（2）存在的不足

1）活动现场宣传力度不够。除了占地不大的活动海报外，没有其他的宣传品，不能营造出强烈的销售促进活动气氛。如果能增加一块大的背景板，再在促销台前悬挂活动主题横幅，效果可能会更好。

2）主题销售促进活动广告信息到达率不高。虽然有吊旗、横幅和巨幅，并且在主流报纸上都投放了广告，但还是有不少顾客不知道促销活动。因为现在顾客要接收的广告信息太多，信息间干扰太多，不可能接收所有信息。如果能制作一种主题活动的印刷品，摆放在收银台或促销台，既让顾客知道促销信息，也可使顾客把信息传播给周围的人群，提高信息的传播面，使销售促进活动效果更好。

3）活动地点设在重点商业区的某个商场，在其他连锁商场购物的顾客要参加活动必须赶到指定商场，很不方便，部分顾客出现不满情绪，对活动产生了负面影响。应该采取什么方式弥补，让负面影响最小，是以后主题销售促进活动必须解决的问题。

4）活动时间过长，让工作人员感觉很累，同时随着时间的延长，对消费者的刺激也逐渐减弱，兴趣降低。因此以后的商场主题促销活动时间不应太长，以半个月为宜，最多三周。

思考与练习

1. 简述销售促进的含义。
2. 简述销售促进策划的流程。
3. 针对消费者销售促进的方法有哪些？

模块五　企业形象策划

任务 1　企业理念层设计——MI 策划

知识目标

- 掌握企业理念设计的基本要素
- 掌握企业理念设计的基本原则
- 掌握企业理念应用的技巧

能力目标

- 能对企业现有理念的各大要素进行理解和分析
- 能根据企业的性质对企业理念各个要素进行设计

任务引入

湖北某钢结构（集团）有限公司是一家从事钢结构工程安装、制作、施工、钢构加工、新型建筑材料生产、黑色金属材料销售、房地产开发、酒店及广告传媒为一体的多元化大型民营企业。公司下设十多个全资、控股子公司和分公司。经过不断的发展和建设，公司先后获得“重合同，守信用企业”“AAA 守信用企业”“武汉市质量信得过单位”“湖北省质量诚信服务企业”等荣誉称号，并通过了 ISO 9001、ISO 2000 等质量体系认证。

为了进一步增强企业的综合竞争力和发展后劲儿，保持企业健康发展与长久兴旺，公司统一了企业文化建设的指导思想：以新时期社会主义精神文明建设的总体要求为指针，主动适应市场经济发展，以用户满意为目标，以股东满意为根本，以提高员工素质为关键，结合建筑企业特点和公司实际，努力建设适应时代发展并独具特色的企业文化，把公司建设成为行业领先、业绩优良的现代型企业。

针对以上情况，请根据该企业的文化建设理念，分别对企业使命、经营哲学、行为准则和活动领域四项企业文化理念要素进行策划。

任务分析

理念识别系统，是 CIS 最抽象、最深层的组成部分。其核心内容是企业精神，即在企业经营活动中长期形成的并为员工所认同的价值观念和群体意识。良好的企业理念，可以使员工在潜移默化的过程中形成共同的价值理念，并通过企业理念的认同，共同朝一个确定的目标去奋斗。

相关知识

一、企业理念设计的基本要素

MI 是现代企业存在价值、经济思想和企业精神的综合体现，一个企业的理念识别系统包括企业使命、经营哲学、行为基准和活动领域等四项。如图 5—1—1 所示。

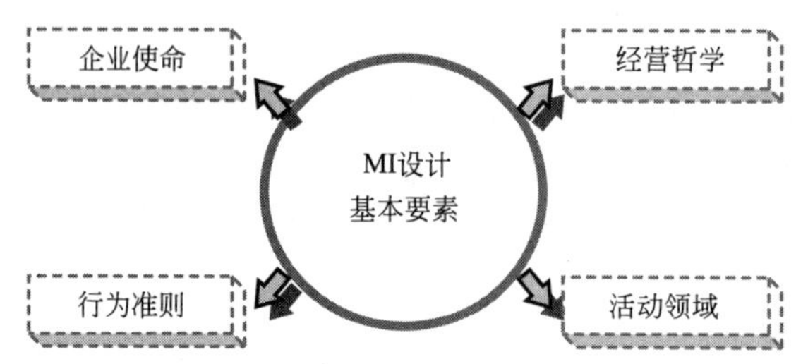

图 5—1—1　企业理念设计的基本要素

MI 是企业的灵魂和精神的体现，是企业所有日常经营活动的行动指南。一个有长远发展目标的企业，必须通过树立企业形象和品牌形象强化其市场认知度，这就需要在整个企业中统一思想，使全体员工的行为举止符合企业整体形象。企业理念设计要素见表 5—1—1。

表 5—1—1　　企业理念设计要素分析

设计要素	具体内容	举例说明
企业使命	是构成企业理念识别中的最基本的出发点，也是企业行动的原动力，只有树立明确的使命感，才能满足企业成员自我实现的需要，持续地激发他们的创造热情，才能赢得公众更普遍更持久的支持、理解和信赖	四川长虹集团倡导“以产业报国，以民族昌盛为己任”的精神理念，激发了工人们的爱国热情，从而产生使命感
经营哲学	是指依据什么样的思想来经营企业的经营基本政策和价值观，是企业内部的人际交往和企业对外的经营活动中所奉行的价值标准和指导原则。它是在生产经营中逐渐形成，并具有经营性、实用性的特征	联想集团的经营哲学是“把 5% 的希望变成 100% 的现实”，从而实现产品的不断创新

续表

设计要素	具体内容	举例说明
行为准则	是企业内部员工涉及到企业经营活动的一系列行为的标准、规则，它体现了企业对员工的具体要求。具体包括服务公约、劳动纪律、工作守则、行为规范、操作规程、考勤制度	麦当劳以“与其靠墙休息，不如起身打扫”的行为规范要求员工，使员工即便在客人很少时也不会闲着而是自觉打扫卫生或完成其他工作
活动领域	指企业应该在何种技术范围内或者在何种商品领域中开展活动。活动领域属于企业实践应用范畴，为了达到理念识别的目的，企业必须以活动领域为基础，在企业的活动领域里打上企业使命、经营哲学、行为准则的“烙印”，才能真正起到理念识别的作用	大唐科技工程有限公司在生产领域和生活领域中推行“清洁生产、绿色生活”，不但全方位、全过程推行清洁生产，全面建设节约型和环境友好型企业，而且鼓励员工选择有利于环境保护的生活方式

二、企业理念设计的基本原则

理念识别是企业识别系统的核心。它不仅是企业经营的宗旨与方针，还应包括一种鲜明的文化价值观。理念识别对外是企业识别的尺度，对内是企业内在的凝聚力。因此在设计的过程中，要从 CIS 导入的整体要求出发，遵循如下基本原则，见表 5—1—2。

表 5—1—2　　企业理念设计基本原则

设计原则	具体内容	举例说明
个性化原则	指企业理念设计应展示企业的独特风格和鲜明个性，从而体现本企业与其他企业的理念差别的设计原则。企业理念系统是企业的灵魂，是企业的精神支柱，是企业个性的集中表现，是企业精神的凝炼和提升	海尔：“产业报国，追求卓越” 金利来：“勤、俭、诚、信” 康佳：“康乐人生，佳品纷呈”
概括性原则	指企业理念设计应遵循的简洁明了和高度概括的原则，只有经过高度概括的企业理念才会具有识别性，能让员工记于心，利于行，从而对企业的长远发展起到重要的精神支柱和战略导向作用	麦当劳将自己的企业理念概括为“质量、服务、清洁、价值”，即“Q+S+C+V” IBM 的企业理念则概括为“科学、进取、卓越”
多样化原则	所谓多样化就是在语言结构、表达方式的设计上，以及围绕理念传达、理念宣传的活动设计上都要力求丰富多彩：标语、口号等要富于思辨色彩，不能淡而无味；活动要注意寓“理”于乐，讲求多样化原则。目的在于使理念系统真正成为企业的灵魂，真正发挥统帅企业功用	阿里巴巴：“网上贸易，创造奇迹” 方太厨具：“让家的感觉更好” TCL 国际电工：“为顾客创造价值”

续表

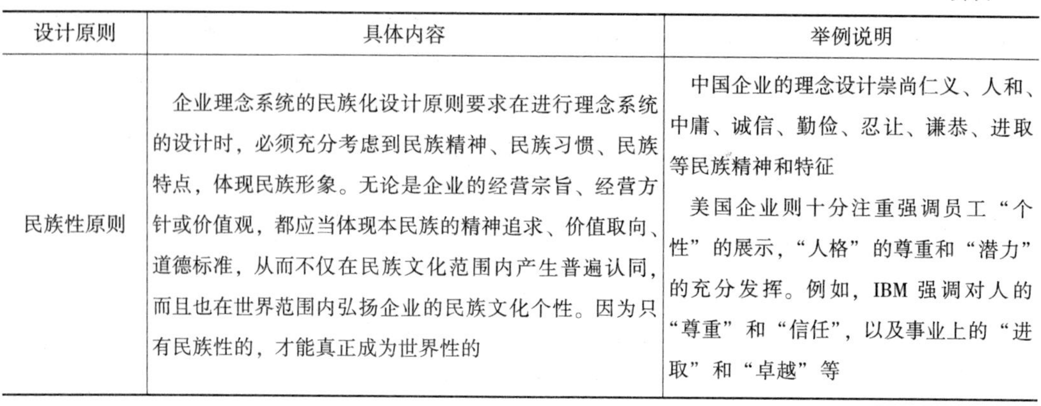

设计原则	具体内容	举例说明
民族性原则	企业理念系统的民族化设计原则要求在进行理念系统的设计时，必须充分考虑到民族精神、民族习惯、民族特点，体现民族形象。无论是企业的经营宗旨、经营方针或价值观，都应当体现本民族的精神追求、价值取向、道德标准，从而不仅在民族文化范围内产生普遍认同，而且也在世界范围内弘扬企业的民族文化个性。因为只有民族性的，才能真正成为世界性的	中国企业的理念设计崇尚仁义、人和、中庸、诚信、勤俭、忍让、谦恭、进取等民族精神和特征 美国企业则十分注重强调员工“个性”的展示，“人格”的尊重和“潜力”的充分发挥。例如，IBM 强调对人的“尊重”和“信任”，以及事业上的“进取”和“卓越”等

三、企业理念应用的技巧

一个企业的文化精神，只有辅之以一系列的表达技巧，才能变成形象生动的“活”灵魂进入人们的思想深处。下面介绍几种常用的技巧（见表 5—1—3），这些技巧在实践中屡试不爽，是艺术与科学的有机结合。

表 5—1—3　　企业理念的表达技巧

设计要素	具体实施办法	具体事例	
企业理念口号化	将企业目标、企业哲学、企业宗旨、企业精神、企业道德、企业作风等理念要素以及对员工的要求用可供口头呼喊的有纲领性和鼓动作用的简短句子反映出来。口号内容精炼，便于记忆和传播，是企业文化精神层的生动再现，对树立企业形象、传播企业理念有很大的帮助	大庆石化总厂的口号是“爱我中华，振兴石化” 华北制药厂的口号是“好药治病，坏药致命”	
企业理念人格化	通过宣传企业英雄模范人物的事迹，赞扬他们的思想和精神，使企业理念形象化并被将其人格化，在广大企业员工中达成共识，成为企业持久的精神动力	惠普公司、杜邦公司都设有“名人厅”和“光荣榜”	
企业理念艺术化	将企业理念要素用音乐、美术等艺术手法表达出来，借助艺术的美来传播和推动	公司之歌	平安保险公司的《平安颂》、联想公司的《联想之歌》都非常著名
		画册	蒂芙尼珠宝用于宣传的企业画册
		吉祥物	海尔电器的吉祥物一直是活泼可爱的海尔兄弟

任务实施

在企业理念的设计上，应该贴合企业的性质，遵循个性化的原则，展示该企业的独特风格和鲜明个性，从而体现出与其他企业的理念差别。同时，应将企业使命、经营哲学、行为准则和活动领域这四大要素口号化，用有纲领性和鼓动作用的简短句子反映出来，更有利于记忆和传播。

一、企业使命的设计

企业的使命是企业决策层对企业性质、目标、经营方式的取向所做出的选择，是为员工所接受的共同观念，是企业文化的核心，是企业发展的驱动力，同企业的经济、技术和组织结构相比，处于支配地位，是企业取得成功的必要条件。企业使命的策划应与员工的工作性质紧密联系，考虑到该企业是属于钢结构工程安装、制作、施工的铸造加工型企业，可初步拟定为“铸造精品，回报社会”。

二、企业经营哲学的设计

企业的经营哲学回答的是企业生产经营最重要、最基本的问题，反映企业行为的基本取向，是企业最高的指导思想。考虑到企业作为一个营利型企业，应不断进取，不断创新，因此，其经营哲学可初步拟定为“在进取中创造，在奉献中传导追求”。

三、企业行为准则的设计

行为准则是企业对员工的具体要求，该企业作为一个生产加工型企业，应对员工工作时的外在形象、思想、观念、作风做到规范管理。

1. 在工作时要规范标识，规范形象，统一旗帜，统一色彩，统一着装，统一格调，向外界展示企业的特色形象。

2. 由于该企业工作性质是进行钢结构铸造，因此，特别要求工人在工作过程中要形成“工作观”“安全质量观”“ 员工责任观” 三个观念，确保保质保量地完成工作。

（1）员工工作观：百分之一的失误就是百分之百的损失。

（2）安全质量观：安全第一，质量当先。

（3）员工责任观：负责就是最好的品行。

3. 群体作风：群体作风即企业的团队精神。该企业的性质决定了员工的团队意识很重要，因此，应要求员工从企业的整体利益出发，“真诚、协作、共享、高效”，才能使队伍有极强的战斗力，企业有极强的凝聚力。

四、企业活动领域

案例中提到，该企业是一家从事钢结构工程安装、制作、施工、钢构加工的企业，可见，企业的主要活动领域是钢铁行业，可以把目标定位在“打造钢铁行业的旗舰企业”。同时，目标是动态的、发展变化的，企业经过多年努力和发展，涉足了新型建筑材料生产、黑色金属材料销售、房地产开发、酒店及广告传媒多项领域，发展成为了多元化大型民营企业，因此，企业应“立足建筑主业，形成多种产业格局，实施资本运营”。

思考与练习

1. 简述企业理念设计的基本要求。
2. 简述企业理念设计的基本原则。

任务2 企业行为层设计——BI策划

知识目标

- 掌握企业内部行为策划的方法
- 掌握企业外部行为策划的方法

能力目标

- 能根据企业的文化理念对企业内部管理体系进行阐述和分析
- 能对企业外部市场行为进行分析

任务引入

在本模块任务1中，某钢结构（集团）有限公司对企业文化理念进行了规范，对企业使命、经营哲学、行为准则和活动领域四个要素进行了策划，形成了统一的企业文化精神理念。针对以上情况，请对该企业具体的内部行为和外部行为进行分析。

任务分析

该企业在统一了企业文化的精神理念后，就应该进行企业文化行为制度层的设计。企业在设计行为制度层的时候，应分成对内行为识别和对外行为识别两种。在进行内部行为制度设计时，应注重通过内部组织机构的协调和管理制度的约束，强化企业的内部凝聚力，焕发新的面貌。在进行外部行为制度设计时，应注重企业员工的服务和作风形象，并通过开展公关活动向社会公众与业主展示企业良好的工作作风与精神面貌。

相关知识

企业行为识别简称为 BI（Behavior Identity）。BI 是以企业精神和经营思想为内蕴动力，显现出企业内部的管理方法、组织建设、教育培训、公共关系和经营制度等方面的创新活动，最后达到塑造企业良好形象的目的。企业的行为识别系统通常是通过企业的制度规范来表现，它是形象识别系统和理念识别系统的连接纽带，是企业文化向深层次发展的制约因素。企业行为识别系统的建立能使员工在自己的实践中规范自己的行为，明确所做和应做，从而不断维护和升华企业形象。这是企业所有工作者行为表现的综合，是企业制度对所有员工的要求及各项生产经营活动的再现。在 CIS 中，行为识别是最宽泛的领域，包括的范围很广，它们是企业理念得到贯彻执行的重要体现领域，包括企业内部行为和企业对外行为两个方面，如图 5—2—1 所示。

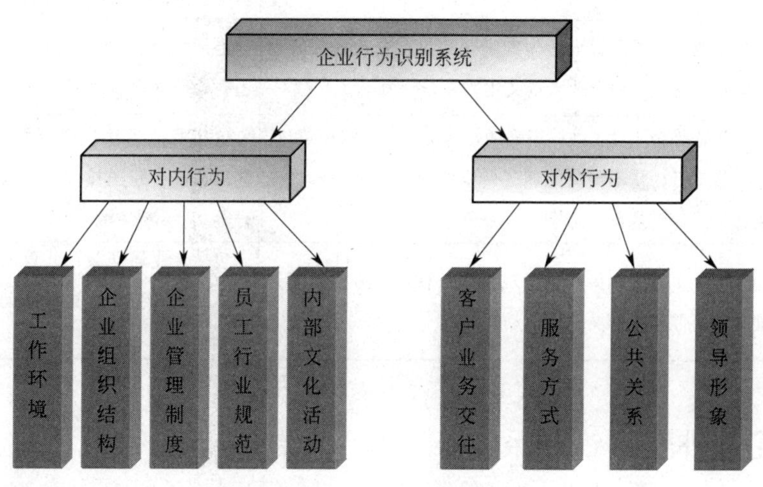

图 5—2—1　企业行为识别系统

一、企业内部 BI 识别系统

企业内部 BI 识别就是体现企业文化理念和精神，能够对员工形成影响和互动的员工组织行为，包括对全体员工的组织管理、文化熏陶以及创造良好的工作环境。企业内部 BI 识别系统可以使员工通过具体的工作过程对企业理念形成感性的深厚认知，对企业的价值观形成共识，增强员工与企业的共存关系和共进意识，从根本上改善企业员工的精神状态和工作心态，以保证个人的工作成效、组织的运营效能、客户关系的不断深化。具体操作见表 5—2—1。

表 5—2—1　企业内部行为策划

策划要素	操作方法	具体内容
工作环境	企业除了要尽心营造一个干净、整洁、独特、积极向上、团结互助的内部环境外，更要通过企业内部的装饰布局来体现企业的文化导向和精神取向，这是企业展示给公众和员工最直接、最外在的形象感觉。创造一个良好的企业内部环境不仅能保证员工身心健康，而且是树立良好企业形象的重要方面	物理环境：包括办公室布局和光线、自然环境、营销装饰等
		人文环境：包括领导作用、精神风貌、合作氛围、竞争环境等
企业组织结构	企业应根据自身特点，建立起一套科学的、有快速反应能力的、沟通顺畅、精干高效的组织结构体系，包括企业管理幅度、组织层次、单位划分以及授权分权	功能垂直结构：管理权力集中于高层领导者，企业的生产经营活动按功能分成若干垂直管理系统，直接由高层领导指挥。适用于小型企业
		事业部型分权结构：企业总部和中层管理部门之间实行分权管理，企业分成若干相对独立的事业部，拥有自己广泛的经营自主权和财务独立性。一般适合大型企业采用
企业管理制度	这是企业人力资源管理行为的细化，包括企业内部管理中经常发生的、体现企业人本文化的管理行为	包括考核沟通、员工关怀、辞退面谈、违规处理等管理行为
员工行为规范化	行为规范是企业员工共同遵守的行为准则。行为规范化，既表示员工行为从不规范向规范转变的过程，又表示员工行为最终要达到规范的结果	包括职业道德、仪容仪表、见面礼节、电话礼仪、迎送礼仪、交谈礼节、体态语言等
内部文化活动	企业向员工宣导和传播价值观的另一种主要方法是通过企业内部喜闻乐见的文化性活动开展	包括企业运动会、共青团组织的青年活动、党支部组织的党员活动以及其他文体活动等

二、企业外部 BI 识别系统

企业外部行为识别活动即通过客户业务交往、服务方式、公共关系、促销活动、文化性活动、领导形象等向企业外部公众不断地灌输强烈的企业形象信息，从而提高企业的知名度、信誉度，配合以 VI 系统和广告宣传，整体、系统、全面地塑造企业优异形象。具体操作见表 5—2—2。

表 5—2—2　企业外部行为策划

策划要素	操作方法	具体内容
客户业务交往行为规范	企业员工在客户交往过程中的行为风范不仅代表了其个人形象，更代表着企业形象。企业客户业务交往行为规范指企业的业务拓展人员在同客户交往的过程中从塑造企业形象角度出发应遵守的行为规范	主要从客户拜访、客户来访接待、客户业务商谈几个方面来规范

续表

策划要素	操作方法	具体内容
服务活动	服务是直接与社会公众打交道，优良的服务最能博得消费者的好感。服务活动对塑造企业形象的效果如何，取决于服务活动的目的性、独特性和技巧性。服务须以诚信为本，做到言必信、行必果，给客户带来实实在在的价值增值	服务活动就内容而言，包括售前、售中和售后服务三个阶段
企业公共关系行为规范	企业公共关系行为规范是企业行为系统的主要内容。任何一个企业都不是孤立存在的，而是一个由各种社会关系包围着的社会存在。通过公关活动可以提高企业的信誉度、知名度，通过公关活动可以消除公众的误解，免除不良影响，取得公众的理解和支持	公关活动的主要内容有专题活动、公益性活动、文化性活动、展示活动、新闻发布会、上级部门和同级单位的关系处理等
企业领导形象内涵	企业领导是企业的核心，是员工效仿的典范，也是新闻媒体和舆论界的焦点人物。在内部场合，企业领导对待员工的一个小小的行为都会引发员工心理的强烈反响，从而影响其日后的工作。企业领导的形象通过新闻媒介的传播，会使企业形象更具权威性和说服力	企业领导的价值观：应敢于想象企业的未来，勇于承担风险，以自己独特的价值取向来经营企业，来面对环境的变迁与竞争的加剧
		企业领导的世界观：经济性应体现在企业的战略上要有一种“进取心”，就是构建企业发展蓝图的战略。社会性则体现在必须更多地关注社会对待企业的反响
		企业领导的人生观：从宏观上是领导个人对人生的态度和见解，体现在为人处世、待人接物、言行举止以及价值观、世界观上；从微观上是他们的一些不同寻常的兴趣或者爱好，使他们更加适宜与其他企业领导、经营专家以及社会各个阶层的人士交往

三、企业行为识别策划步骤

建立企业行为识别系统不是一蹴而就的，需要长期的规划、持久的坚守与全体员工的共同努力。企业 BI 系统规划一般可以分为如下五大步骤，如图 5—2—2 所示。

1. 条件分析

条件分析是建立企业行为识别系统的前提，它主要涉及企业行为的管理历史以及实施条件等问题。任何一个企业，都有企业守则之类的行为规范，并曾持续或间断地实施过这种方案。原有行为习惯是一个重要的问题，在企业状况好的情况下，企业可能想不到建立新的 BI 系统。但在企业困难时，改变行为习惯本身就是很困难的，士气的低落会给 BI 的推行带来极大的困难。实施行为识别规范管理，必须不断地宣传、培训，“强迫成习惯、习惯成自然”是推行新 BI 系统应当牢记的信念。

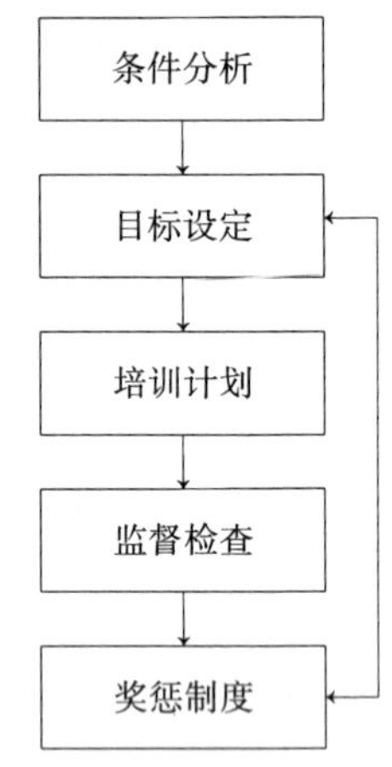

图 5—2—2　企业行为识别策划程序

2. 目标设定

目标需要一个定量化的标准，而一般运行标准又很难确定。建立一整套完善的行为识别制度不难，难的是如何检测实施的效果。企业的知名度、美誉度、销售额、效益如果得到了提高，如何区分是视觉识别还是行为识别的功劳呢？因此，目标设立必须与一种考评标准或方法相结合。

3. 培训计划

培训是 BI 规划的重要部分。行为识别的规范管理，在很大程度上依赖于有效的培训。它将规范中一些具体的执行细节落到实处，反复演示，反复练习，从学习规矩到自发的行为。

4. 监督检查

只有培训，没有执行与实施，或只有执行而没有完整的考核督导制度也是不行的。检查、考核、督导的进行，可以发现问题，改善规划，加强薄弱环节，这是一种合理的反馈调节机制。

5. 奖惩制度

奖惩制度对管理的成效具有很大的作用。在 BI 行为识别规范的执行过程中，有必要制定一套合理合情的奖惩制度，以调动广大员工的积极性，使行为识别规范更富有成效。

任务实施

一、对内行为识别系统主要包括三个部分，即企业领导体制、企业组织结构和企业管理规定

1. 企业领导体制

企业领导体制是企业领导方式、领导结构、领导制度的总和。该企业是一个多元化大型民营企业，应该形成了以法人治理结构为主要领导组织形式，以股东会为核心的最高权利机构，以公司董事会为核心的决策机构，以监事会为核心的监督机构，以工会、职工代表大会为核心的参与协作机构，各领导机构、组织体系之间协调统一。

2. 企业组织结构

该企业属于大型企业，一般适合采用事业部制型分权结构：企业总部和中层管理部门之间实行分权管理，企业分成若干相对独立的事业部，拥有自己广泛的经营自主权和财务独立性。

3. 企业管理规定

由于该企业涉及到工程制作以及产品生产，在本模块任务 1 中提到的理念设计里已经强调了质量和安全的重要性。因此，应该完成企业整合型质量体系文件修订以及完成企业系统管理文件修订，将两套管理文件成册，做到制度健全，并制定公司员工行为手册，实施科学化、规范化、系统化管理。

二、对外行为识别系统主要是指企业、企业家及企业员工在社会公共关系中的形象及行为表现

1. 企业公关形象

在重点工程的开工与竣工庆典、领导视察等重要时刻，都要积极开展形象宣传与公关活动，向业主、地方政府、行业主管单位、社会公众展示企业优良的作风与精神面貌。以举办画展、摄影展、文艺演出、体育竞赛等形式积极参与社会文体活动，向社会公众展示企业优秀文化形象。通过参与社会公益活动，向公众与社会展示一个具有强烈的社会责任感与历史使命感的企业形象。

2. 企业家形象

企业家是企业生产经营活动的最高决策者，是企业文化建设的领导者、组织者

与推动者，决定着企业文化的建设与发展状况。企业家形象是企业形象的最高境界，企业家在外事活动中，其作风面貌代表着本企业的企业文化。因此，企业领导应有高层次的文化素养、高尚的品德，创新、进取、务实的精神风貌和宽以待人的气度。

3. 员工形象

员工的一言一行都代表着企业的文化水平。因此，企业员工要举止文明，言谈大方，着装整洁、统一，精神饱满，办事干练。

思考与练习

1. 什么是企业的行为层设计？
2. 简述企业行为层目标的设计。

任务3　企业文化物质层设计——VI策划

知识目标

- ➢ 掌握企业视觉识别系统基本要素的设计理念和方法
- ➢ 掌握企业视觉识别系统应用要素的设计理念和方法

能力目标

- ➢ 能对企业现有的名称、标志、标准字及标准色进行分析
- ➢ 能对企业设计的文化用品进行分析
- ➢ 能对企业现有的物质环境进行分析
- ➢ 能针对企业性质进行文化传播网络的设计

任务引入

凤凰卫视中文台是由凤凰卫视有限公司开办的全球性华语卫星电视台，也是香港唯一一家全部用普通话每天24小时昼夜播出的电视台，于1996年3月31日正式开播。它立足香港，以沟通内地港台两岸三地及亚洲乃至全世界的华人为宗旨，将历史悠久、博大精深的中华文明传播给世人，并帮助所有同一血脉的同胞，认识纷纭复杂、多姿多彩的世界。凤凰卫视中文台节目包罗万象，包括中外电视的代表制作，并集新闻资讯、体育、音乐、戏剧及电影于一身。凤凰卫视中文台的节目取

向主要代表亚洲华人地区内各种社会文化动态及观众的生活方式和口味，以新鲜的题材、多样的形式、清新的风格、新奇的内容、引领观众走向一个崭新的视听空间。凤凰卫视中文台的台标如图 5—3—1 所示。

针对以上情况，请解决以下问题。

1. 请结合凤凰卫视中文台的特点，对其台标的设计元素进行分析。

2. 请结合所学知识，谈谈你在生活中所接触到的凤凰卫视中文台视觉识别的应用要素。

图 5—3—1　凤凰卫视中文台的台标

任务分析

人需要美容师为其美容妆扮，树需要园艺师为其修枝整叶，而对于企业来说，企业视觉识别（简称 VI）是形式最多、层面最广、效果最直接的信息传达与形象塑造手段。通过“美容师、园艺师”以其独特的“美容术”把企业装扮得充满魅力，形象动人。

凤凰卫视中文台从创立之初就提出来的“开拓新视野，创造新文化”，将自己与内地媒体鲜明区分开来，为凤凰品牌赢得了更大的发展契机和成长空间。作为一个媒介组织，凤凰从最初的“飞跃黄河”到世纪之交的“千禧之旅”“欧洲之旅”，又到“两极之旅”以及“寻找远去的家园”“穿越风沙线”“永远的三峡”等大型文化考察活动，一直都在通过持续的媒介行动策划来凸显自身富于人文精神、注重人文关怀、文化历史感深厚的媒介形象。

为了能够使凤凰这一品牌形象更加立体，深入人心，应该在秉承其独特的媒体理念和行为方式的基础上，设计出一个不同于以往其他媒体的视觉识别系统。

相关知识

VI（Visual Identity）通译为视觉识别系统，是 CIS 系统最具传播力和感染力的部分。VI 是以企业标志、标准字体、标准色彩为核心展开的完整、系统的视觉传达体系，是将企业理念、文化特质、服务内容、企业规范等抽象语意转化成具体符号的概念，塑造出独特的企业形象，在最为广泛的层面上，进行最直接的传播。一个设计到位、实施科学的视觉识别系统，是传播企业经营理念、建立企业知名度、塑造企业形象的快速便捷之路。

视觉识别系统分为基本要素系统和应用要素系统两方面。基本要素系统主要包括企业名称、企业标志、标准字、标准色、象征图案、宣传标语、口号等。应用要素系统主要包括办公事务用品、衣着制服、旗帜、招牌、标志牌、产品包装、交通工具、环境设计、公关用品、广告媒体等。视觉识别在 CIS 企业形象设计系统中最具传播力和感染力，最容易被社会大众所接受。企业视觉识别系统如图 5—3—2 所示。

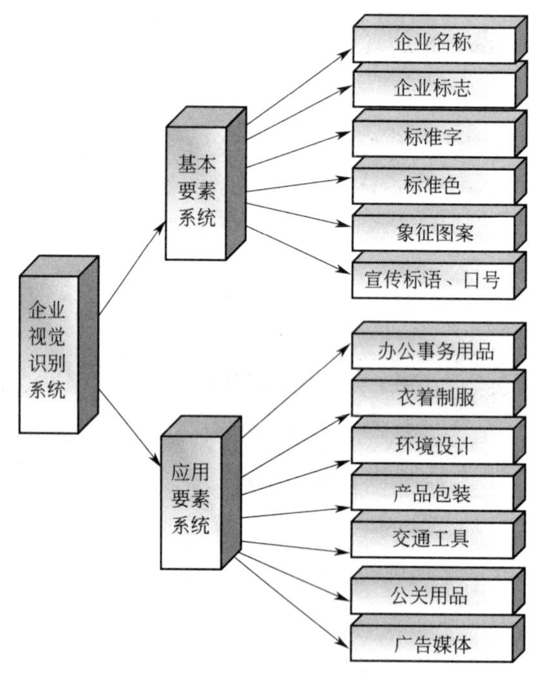

图 5—3—2　企业视觉识别系统

一、企业视觉识别系统基本要素设计

1. 企业名称的设计

在诸多要素中，企业名称是首先要重视的，它是企业外观形象的重要组成因素。好的名称能产生一种魅力，人们对一个企业的印象和记忆直接来自名称，因此，企业的名称对企业形象有重大影响。为一个企业设计名称，应该做到独特、易记、悦耳、简洁，同时，又要给大众带来美好高雅的联想，既能表达企业的意图，又能给人以美好的印象，从而占有市场。具体设计方法见表 5—3—1。

表 5—3—1　企业名称设计方法

设计方法	举　例
以地名命名	青岛啤酒、上海手表
以知名品牌命名	创维集团、美的集团

续表

设计方法	举　例
以从业内容命名	鞍山钢铁集团公司、第一汽车制造厂
以英文译音命名	可口可乐、雪碧
以创始人命名	福特汽车、松下电器
以趣味名词命名	狗不理、丑小鸭
以动植物命名	小天鹅洗衣机、红豆服饰
以人造词汇命名	雅戈尔、康佳

2. 企业标志的设计

在 VI 视觉要素中，标志是核心要素。企业标志是指那些造形单纯、意义明确、统一标准的视觉符号，一般是企业的文字名称、图案记号或两者相结合的设计。标志具有象征功能、识别功能，是企业形象、特征、信誉和文化的浓缩，一个设计杰出的、符合企业理念的标志，会增加企业的可信赖感和权威感，在社会大众的心目中，它就是一个企业或某品牌的代表。

标志就其构成而言，可分为图形标志、文字型标志和文字图案复合标志三种。

（1）图形标志

以富于想象或相联系的事物来象征企业的经营理念、经营内容，借用比喻或暗示的方法创造出富于联想、包含寓意的艺术形象。德国一家人寿保险公司的标志很有表现力：用手小心呵护烛火为图案，取意人到晚年似“风烛残年”，生活保障便十分必要，该标志将保险的优点表现得富有情意，简单明了。

（2）文字型标志

以含有象征意义的文字造型做基点，对其变形或抽象地改造，使之图案化。汉字的标志设计，多是充分发挥书法给人的意象美及组织结构美，利用美术字、篆、隶、楷等字体，根据字面结构进行加工变形做艺术处理。设计时要注意字形的可辨性，并力求清晰、美观。英文字母标志可用企业名称的缩写，如麦当劳黄色的“M”字型标志醒目而独特。

（3）文字、图案复合标志

指综合运用文字和图案因素设计的标志，有图文并茂的效果。例如，内蒙古君信集团公司是一家民营企业，集团以“君行天下，信服世界”作为企业理念，企业标志的基本形状引用了古代印章的方形形状，强调“一诺千金”的企业信誉，而印章中的君信二字分别代表了“君子与诚信”。在字体符号上根据字面结构进行了艺术处理，选取君和信的结构共同点，将两个汉字完美融合，代表着该集团求同存异，创新发展的追求，如图 5—3—3 所示。

图 5—3—3　内蒙古君信集团公司标志

3. 企业标准字的设计

标准字体是指经过设计的专用于表现企业名称或品牌的字体。是企业形象识别系统中基本要素之一，应用广泛，常与标志联系在一起，具有明确的说明性，可直接将企业或品牌传达给公众，与视觉、听觉同步传递信息，强化企业形象与品牌的诉求力，其设计的重要性与企业标志同等重要。经过精心设计的标准字体是根据企业或品牌的个性而设计的，对字体的形态、粗细、字间的连接与配置，统一的造型等，都做了细致严谨的规划，跟普通字体相比更美观，更具特色。设计标准字要注意以下几点。

（1）标准字的造型要能够表现出独特的企业性质和商品特性

标准字的企业名称或产品名称经个性化处理后，形成生动的符号，不但在造型上能表现出商品的个性，而且在标准字上加以具有象征、暗示、呼应等造型因素后，更能表现出企业或商品的特质。例如，由细线构成的字体易让人联想到纤维制品、香水、化妆品类，圆滑的字体易让人联想到香皂、糕饼、糖果（见图 5—3—4），而角形字体易让人联想到机械类、工业用品类（见图 5—3—5）。

图 5—3—4　圆滑字体的设计

图 5—3—5　角形字体的设计

（2）标准字的造型要与标志造型相融合

标准字与标志是一个具有不同作用而又紧密相连的统一体，它们之间组合的位置、方式应该协调配合、均衡统一，使之既具有美感，又能鲜明地传达出企业文化和经营理念。

（3）标准字设计应该与企业的形象战略相符合

不少企业在实施 CIS 战略时，可能会保留原有的标准字造型或只做少许的改良，使之符合企业的形象战略。这往往是由于企业的标准字经过长期的传播和使用，已经得到公众的认同，如做突然的改变，会使消费者无所适从。因此标准字设计应该选择循序渐进、不断改良的设计战略。

4. 企业标准色的设计

企业标准色是指企业通过色彩的视觉传达，设定反映企业独特的精神理念、组织机构、营运内容、市场营销与风格面貌状态的色彩。企业标准色的设计过程如图5—3—6所示。

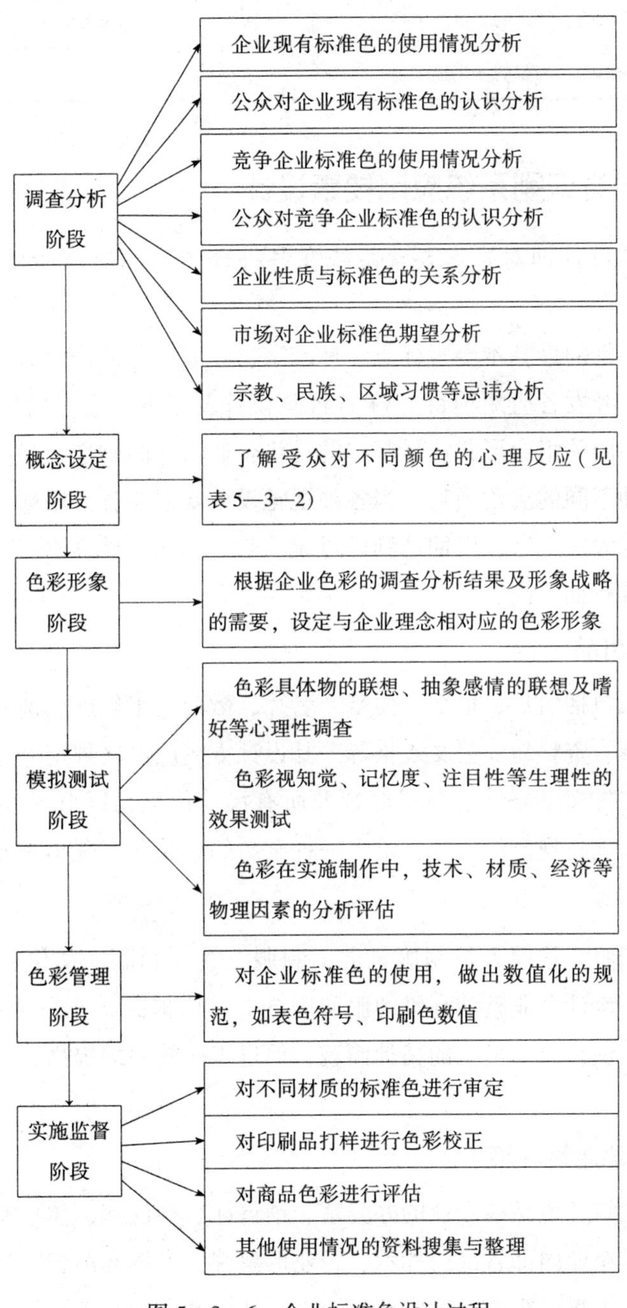

图5—3—6　企业标准色设计过程

表 5—3—2　受众对颜色的心理反应

颜色	受众感觉	颜色	受众感觉
红色	积极的、健康的、温暖的	紫色	高贵的、细腻的、神秘的
橙色	和谐的、温情的、任性的	黑色	厚重的、古典的、恐怖的
黄色	明快的、希望的、轻薄的	白色	洁净的、神圣的、苍白的
绿色	成长的、和平的、清新的	灰色	平凡的、谦和的、中性的
蓝色	诚信的、理智的、消极的		

二、企业视觉识别系统应用要素设计

应用要素系统设计即对基本要素系统在各种媒体上的应用所做出具体而明确的规定。

当企业视觉识别的最基本要素标志、标准字、标准色等被确定后，就要从事这些要素的精细化作业，开发各应用项目。VI 各视觉设计要素的组合系统因企业、规模、产品内容不同而有不同的组合形式。最基本的是将企业名称的标准字与标志等组成不同的单元，以配合各种不同的应用项目。当各种视觉设计要素在各应用项目上的组合关系确定后，就应严格地固定下来，以期达到通过统一性、系统化来加强视觉诉求力的作用。应用要素系统大致有如下内容。

1. 办公事务用品

办公事务用品包括信封、信纸、便笺、名片、徽章、工作证、请柬、文件夹、介绍信、账票、备忘录、资料袋、公文表格等。其设计方案应严格规定办公用品形式排列顺序，以标志图形安排文字格式、色彩套数及所有尺寸依据，以形成办公事务用品的严肃、完整、精确和统一规范的格式，给人一种全新的感受并表现出企业的风格。

2. 服装服饰

主要有经理制服、管理人员制服、员工制服、礼仪制服、文化衬衫、领带、工作帽、胸卡等。统一设计企业整洁高雅的服装服饰，可以提高企业员工对企业的归属感、荣誉感和主人翁意识，改变员工的精神面貌，促进工作效率的提高，增强员工对企业的责任意识。

3. 企业内外部建筑环境

企业的内部建筑环境是指企业的办公室、销售厅、会议室、休息室、厂房内部环境形象。主要包括：企业内部各部门标示、企业形象牌、吊旗、吊牌、货架标牌等。设计时应把企业识别标志贯彻于企业室内环境之中，从根本上塑造、渲染、传播企业识别形象，并充分体现企业形象的统一性。

企业外部建筑环境设计主要包括：建筑造型、旗帜、门面、招牌、公共标识牌、路标指示牌、广告塔等。企业外部建筑环境是企业形象在公共场合的视觉再现，是一种公开化、有特色的群体设计和标志着企业面貌特征的系统。在设计上应借助企业周围的环境，突出和强调企业识别标志，并贯彻于周围环境当中，充分体现企业形象统一的标准化、正规化和企业形象的坚定性，以便使受众在繁华的都市中获得好感。

4. 产品包装

产品包装主要包括纸盒包装、纸袋包装、木箱包装、玻璃包装、塑料包装、金属包装、陶瓷包装、包装纸等。产品是企业的经济来源，产品包装除了起到保护产品的作用外，还起到传播企业和产品形象的作用，是一种记号化、信息化、商品化流通的企业形象，因而代表着产品生产企业的形象，并象征着商品质量的优劣和价格的高低。所以系统化的包装设计具有强大的推销作用。成功的包装是最好、最便利的宣传，是介绍企业和树立良好企业形象的途径。

5. 交通工具

主要包括轿车、中巴、大巴、货车、工具车等。交通工具是一种流动性、公开化的企业形象传播方式，其多次流动给人以瞬间的记忆，有意无意地建立起企业的形象。设计时应具体考虑它们的移动和快速流动的特点，要运用标准字和标准色来统一各种交通工具外观的设计效果。企业标志和字体应醒目，色彩要强烈才能引起人们注意，并最大限度地发挥其流动广告的视觉效果。

6. 赠送礼品

主要有T恤衫、领带、领带夹、打火机、钥匙牌、雨伞、纪念章、礼品袋等。企业礼品主要是为企业形象或企业精神更形象化和富有人情味而用来联系感情、沟通交流、协调关系，是以企业识别标志为导向、传播企业形象为目的，将企业形象表现在日常生活用品上的方法。企业礼品同时也是一种行之有效的广告形式。

7. 广告形式

企业选择各种不同媒体的广告形式对外宣传，是一种长远、整体、宣传性极强的传播方式，可在短期内以最快的速度在最广泛的范围中将企业信息传达出去，是现代企业传达信息的主要手段。广告形式主要有电视广告、网络广告、报纸广告、杂志广告、路牌广告、招贴广告等。

任务实施

视觉识别要素主要有企业名称、徽标、旗帜、标准字体、颜色、企业的办公事务用品、交通运输工具、员工制服、建筑物与环境等。

1. 基本要素

凤凰卫视的台标——当空起舞的“金凤凰”形象。

颜色上大胆地运用了橙色这种对比效果极强烈的色彩，给人耳目一新的感觉。

形象上借用了彩陶上的凤鸟图形，并使用了中国特有的“喜相逢”的结构形式，反映出深厚的文化底蕴，而凤鸟两两相对旋转的翅膀极富动感，体现了现代媒体的特色。同时，选用凤凰的形象作为台标的主体，正寓意了其扎根中国，以传播中国文化为己任的目标，而凤凰旋转飞舞的美态，也喻示了其不断奋进的精神。

2. 应用要素

（1）凤凰会馆内的各个办公室和机房的装修主色调以简洁的灰棕两色为主，而凤凰的橙色著名标志则出现在机房电脑桌面上，机房外围的玻璃墙上，甚至会议室的玻璃桌面中心也是一个磨砂质地的凤凰标志。

（2）在外出采访的时候，采访车的车身上赫然一个醒目标志，而出去采访的工作人员都身穿印有醒目凤凰标志的白色 T 恤衫。

（3）从凤凰卫视平日派送的商务礼品到前几年热销的“凤凰丛书”直至最普通的礼品纸袋，无一不是凤凰基本色（橙与红）与凤凰标志的完美设计结合。

（4）凤凰卫视中文台在其 VI 系统中十分注意打中国牌、民族牌。

思考与练习

1. 简述企业视觉识别系统基本要素设计的要求。
2. 企业视觉识别系统的应用要素有哪些内容？

模块六 商业活动策划

任务1 广告活动策划

知识目标

- ➢掌握广告策划的内容
- ➢掌握广告策划的流程
- ➢掌握广告策划的方法

能力目标

- ➢能按照广告策划的程序来开展活动

任务引入

1938年推出第一款速溶咖啡，1986年研发出第一款胶囊咖啡机……瑞士食品巨头雀巢集团通过不断创新，发展为世界上最大的咖啡零售商。不过竞争对手的快速增长让雀巢在国际竞争中面临更大的挑战。

虽然雀巢旗下速溶咖啡品牌Nescafe和胶囊咖啡机品牌奈斯派索（Nespresso）占据了全球咖啡零售市场中23%的份额，但是德国JAB控股公司曾四年接连收购了雀巢9家竞争对手，长驱直入咖啡产业，瓜分了咖啡零售市场16%的市场份额，促使雀巢不得不再次变革。

在高端市场，2014年雀巢在北美推出了升级版胶囊咖啡机——Nespresso Vertuoline，后陆续登陆法国等其他国家。

在低端市场，雀巢多趣酷思（Nescafe Dolce Gusto）在全球范围的推广活动使雀巢速溶咖啡销量大增。最新广告中，美国歌手威廉姆·亚当斯翻唱了奥蒂斯·雷丁的经典歌曲，暗喻多趣酷思重塑经典速溶咖啡。

由此可见，当前的业内老大地位并不能让雀巢咖啡高枕无忧，因为新一代的消费者想要更健康的食品和更独特的体验，同时竞争对手也在通过规模经济来提高品牌影响力。

雀巢公司应如何通过改革提振新兴市场和发达国家市场的销售和利润，在众多品牌中取胜并保持优势地位？如果你是雀巢公司的广告部经理，请为雀巢公司进行相应的广告策划。

任务分析

根据任务引入的描述，能够明确雀巢公司目前面临的市场环境及营销目标，针对此种情况，应经过调研，分析产品特征和目标受众群体，据此制定雀巢咖啡广告策略。

相关知识

一、广告策划的内容

1. 广告策划的含义

广告策划是根据整体营销策略，在广告调查基础上围绕市场目标的实现，制定系统的广告策略、创意表现与实施方案的过程。以富于创造性和效益性的定位策略、诉求策略、表现策略、媒介策略为核心内容，以具有可操作性的广告策划文本为直接结果，以广告的效果评估为终结，追求广告活动进程的合理化和广告效果的最大化。

2. 广告策划的原则

（1）真实性原则

广告的真实性包括三方面内容：首先，广告必须以事实为依据；其次，广告要以诚信为本，讲求信誉；最后，广告内容要完整，既介绍产品的优点，又可根据具体情况向社会公众提出必要的忠告。

（2）科学性原则

广告工作者必须遵照科学的原理、手段、技术与方法对广告活动进行经营与管理。同时还必须充分运用现代的科学技术与手段，对广告从宏观和微观上进行定性与定量的科学研究，以使广告产生应有的社会效益与经济效益。

（3）艺术性原则

广告的艺术性是指广告必须通过运用美术、摄影、歌曲、音乐、诗词、戏剧、舞蹈、书法、绘画等丰富多彩的艺术形式，生动活泼地表现出它的主题。广告的艺术形象越鲜明，越具有创造力，就越容易感染社会公众，从而产生更大的广告效益。

（4）针对性原则

企业进行广告策划时要根据广告目标，有针对性地设计产品信息，选择合适的诉求对象及广告媒体。

3. 广告策划的程序

（1）前期准备

组建以客户或其产品命名的广告策划小组，负责整体策划工作，初步分析企业和市场基本情况。

（2）调研分析

全面搜集信息以问卷、访谈等方式展开市场调查，对企业的营销环境以及经济、产业政策，政治，法律，文化等方面进行定性、定量分析，找出对企业营销的干扰影响因素和企业亟待解决的问题点，提出解决方案的思路和结论性意见。

（3）产品分析

明确广告产品的目标市场和产品定位，掌握产品进入市场的策略。根据产品的特点、市场表现、同类产品的状况等详细资讯，研究找出产品在市场上存在的问题与机会点、消费者购买的利益点以及与竞争产品比较的优缺点等。

（4）广告受众分析

具体内容包括消费群体的行为特征、态度等。可用直观形象的语言来"写真"描述，如受众所从事的工作、业余生活的安排、购物习惯等。

（5）竞争分析

对现有的和潜在的竞争对手，从企业发展、产品特征和营销广告策略等方面进行研究分析，找出自身企业的优势与劣势。

以上五点是广告调查环节的主要工作内容。

（6）广告目标确定

在以上研究分析的前提下，确定具体的广告目标，如提高知名度、抑制对手、品牌价值宣传、劝服消费者、改变消费者观念、短期的销量提升等。

（7）广告诉求与创意策略

提炼确定广告所传递的中心思想，针对诉求的对象、内容、要点和方法，提出创意的概念和具体操作要求。

其中诉求点是企业产品广告的"卖点"，"卖点"要能给消费者带来实际利益。例如，采用 100 Hz 倍频技术的彩电卖点是与传统彩电相比较扫描速度提高一倍，从而使"画面不闪烁"，而带给消费者的"利益点"则应是"消除眼睛疲劳，保护视力"。"卖点"和"利益点"非常重要，否则无法打动消费者。

以上两点是广告策划环节的内容。

（8）广告表现执行策略

基于以上分析，确定广告的创意方案、媒体的发布策略、促销组合策略等。最后以最具冲击力的表现，在适当的时机以整体的媒体组合运作传播给目标受众。

该点是广告呈现的主要内容。

（9）制定广告计划

将已确定的各广告策略具体化，制定出实施的方法步骤等计划方案。内容包括简要的背景介绍，市场、产品分析说明，广告运作的目标、内容、时间、媒介计划、创意表现方案，与公关等手段的配合方法以及经费预算等。

该点是媒介发布的主要内容。

（10）实施的效果评估

为确保广告计划的有效实施，企业广告部应在事前的广告策略定位、事中的广告创意表现策略以及事后的广告实际目标达成上，对广告效果进行评估监控，及时反馈各种信息，修正调整不合理的内容。

二、广告诉求策略

广告是以说服为目的的信息传播活动，广告诉求策略也就是广告的说服策略。广告要达到进行有效诉求的目的，必须具备三个条件：正确的诉求对象、正确的诉求重点和正确的诉求方法。因此，广告诉求策略也由三部分构成：诉求对象策略、诉求重点策略、诉求方法策略。

1. 诉求对象策略

广告的诉求对象即某一广告的信息传播所针对的那部分消费者。广告诉求对象应该是广告产品的目标消费群体、产品定位所针对的消费者，而且是购买决策的实际做出者。

（1）诉求对象由产品的目标消费群体和产品定位决定

诉求对象决策应在目标市场策略和产品定位策略确定之后进行，根据目标消费群体和产品定位确定。因为目标市场策略已经直接指明了广告要针对哪些细分市场的消费者进行，而产品定位策略中也再次申明了产品指向哪些消费者。

（2）产品的实际购买决策者决定广告诉求对象

根据消费角色理论可以知道，不同消费者在不同产品的购买中起着不同的作用。例如，在购买家电等大件商品时，丈夫的作用要大于妻子，而在购买厨房用品、服装时，妻子的作用往往大于丈夫。因此，家电类产品的广告应主要针对男性进行诉求，而厨房用品的广告则应主要针对女性进行诉求。儿童是一个特殊的消费群体，他们是很多产品的实际使用者，但这些产品的购买决策一般由他们的父母做出，因此儿童用品的广告应主要针对他们的父母进行。

2. 诉求重点策略

关于企业和产品的信息非常丰富，并不是所有的信息都需要通过广告来传达，广告也不能传达所有的信息。因为广告运动的时间和范围是有限的，每一次广告运动都有其特定的目标，不能希望通过一次广告运动就达到企业所有的广告目的；广告刊播的时间和空间也是有限的，在有限的时间和空间中不能容纳过多的广告信息；受众对广告的注意时间和记忆程度是有限的，在很短的时间内，受众不能对过多的信息产生正确的理解和深刻的印象。

广告中向诉求对象重点传达的信息称为广告的诉求重点。

制约广告诉求重点策略的因素有以下几个方面。

（1）广告目标

广告的诉求重点首先应该由广告目标来决定。如果开展广告活动是为了扩大品牌的知名度，那么广告应重点向消费者传达关于品牌名称的信息；如果广告目标是扩大产品的市场占有率，那么广告的诉求重点应是购买利益的承诺；如果广告目标是短期促销，那么广告应重点向消费者传达关于即时购买的特别利益的信息。

（2）诉求对象的需求

广告的诉求重点不应是对于企业和产品最重要的信息，而应是直接针对诉求对象的需求，诉求他们最为关心、最能够引起他们注意和兴趣的信息，因为企业认为重要的信息，在消费者看来并不一定非常重要。因此，诉求重点策略的决策应在对消费者的需求有明确把握的基础上进行。

（3）产品定位

产品独特的位置决定了诉求重点的取向。例如，宝马汽车定位给那些喜欢驾车乐趣的青年人，诉求重点是速度与力量；而奔驰汽车的消费群体是 45 岁以上老成持重的事业成功者，诉求重点是乘坐的安全与舒适。

3. 诉求方法策略

（1）理性诉求策略

理性诉求策略是指广告诉求定位于受众的理智动机，通过真实、准确、公正地传达企业、产品、服务的客观情况，使受众经过了解、判断、推理等思维过程，理智地做出决定。这种广告策略可以正面表现，即如果消费者购买产品或接受服务会获得什么样的利益；也可以反面表现，即消费者不购买产品或不接受服务会对自身产生什么样的影响。这种诉求策略一般用于消费者需要经过深思熟虑才能决定购买的产品或服务，如高档耐用消费品、工业品等。

理性诉求广告常常传达以下三个方面的信息。一是产品或服务的质量，二是消费者购买产品或接受服务可能获得的利益，三是服务的范围或产品的性能。

理性诉求广告也要力求亲切动人，富有情趣，使“硬”广告“软化”。理性广告最忌讳语言呆板，口气生硬，术语过多，或内容太多造成“信息溢出”。针对普通百姓消费品的广告，要在强调产品利益点的同时，展现其平易近人的一面。例如，美国孟山都化学公司的广告兼具了企业形象塑造和产品宣传功能。广告画面：儿童伏在草地上逗一只小狗。广告正文："有人认为任何化学品都是坏的，而自然界的东西都是好的，但自然本身就是化学。植物的生命通过光合作用这种化学过程产生氧气，当你呼吸时，就吸进了氧气，然后在你的血液中引起化学反应。生命就是化学，孟山都化学公司是为提高生命的质量而服务的。"

（2）感性诉求策略

感性诉求策略是指广告诉求定位于受众的情感动机，通过表现与企业、产品、服务相关的情绪与情感因素来传达广告信息，以此对受众的情绪与情感带来冲击，使他们产生购买产品或服务的欲望和行为。感性诉求策略适用于装饰品、日用品、化妆品、其他时髦商品和可以给消费者带来某种积极的心理感受的服务。

感性诉求广告以向受众传达某种情绪或情感、唤起受众的认同为主要目的。例如，金帝巧克力的"金帝巧克力，只给最爱的人"，就是典型的感性诉求。

（3）情理结合策略

情理结合策略是指在广告诉求中，既采用理性诉求传达客观的信息，又使用感性诉求引发受众的情感，结合二者的优势，以达到最佳的说服效果。

三、广告表现策略

广告表现策略集中体现在广告创意上，创意是广告的灵魂，在整个广告活动中占据着极其重要的位置，它是广告事业繁荣发展的重要支柱。

1. 优秀广告应具备的要素

（1）相关性

即与商品、消费者、竞争者相关。伯恩巴克说："如果我要给谁忠告的话，那就是在他开始工作之前要彻底了解他要广告的商品。你一定要把了解关联到消费者的需要上面，并不是说有想象力的作品就是聪明的创作了。"可见，贴近生活，才能引起共鸣。

（2）原创力

原创力的要领就是突破常规，出人意料。它的思维特征是"求异"，想人之所未想，发人之所未发，做到与众不同。某汽车品牌的广告策划就是一个充分发挥原创力的经典案例。广告没有说"这是一辆诚实的车子"，而是出人意料地说："这是一部不合格的车。"广告画面是一辆车和一个标题"柠檬"（Lemon，美国俚语有不合格、次品、冒牌货之意），广告主从来都是"自卖自夸"，突然出现个"自说坏话"的广告，不由让人要看个究竟。当人们不由自主地看过文案之后，"诚实"的说辞就钻进了他们的心中。原来这辆车之所以不合格，是因为六亲不认的质检员在车门某处发现了一个肉眼不易发现的划伤。

(3) 震撼力（冲击力）

广告通常只有方寸之地、分秒之时，因而必须有强烈的冲击力才能让人印象深刻。

产生震撼效果的方法很多。很多经典的公益广告比较擅长以超强震撼力的画面抓住人的眼球，直击人心，发人深省。例如，在“希望工程”规模弘大的宣传传播中，最为人熟记的恐怕是“大眼睛”广告。这张名为“我要上学”的照片是中国希望工程的宣传图片之一。画面上一个手握铅笔头、两眼直视前方的大眼睛女孩。这是一双特别能代表贫困山区儿童渴望读书的“大眼睛”。据统计，这张照片为中国希望工程募集资金超过三千万元。“大眼睛”成为了希望工程的第一个记忆点，强烈的视觉冲击不但让人们记住了，而且还因为震撼而触动了人们心底深处的爱。

(4) 简单

任何形式的广告都会受到时间和空间的限制，因而其内容务求简单。“简单”的含义，一是简明，二是单纯。产品概念必须用单一、鲜明的广告形式加以表达，这样的广告更容易直达消费者的脑海。

好的广告一次只说明一个问题，并把问题表达得淋漓尽致。例如，1995 年可口可乐推出塑料包装时，它的电视广告是：一个女高音在唱歌，旁边放一只玻璃杯。她“啊”的一声高音，杯子炸了；再放一只，“啊”的一声又炸了；再放一只，“啊”的一声又炸了；再放一只，“啊”的一声没炸，一直“啊”到歌手晕倒都没炸，一只手一捏这只瓶子，是软的，塑料瓶！整个广告就这么简单明了，并且只有一个诉求点——玻璃瓶换成塑料瓶了。干脆利落，清清楚楚。这就是单一诉求。

2. 广告设计内容要素

广告设计，从平面设计角度来讲，其构成要素可分为语言文字和非语言文字两部分。语言文字部分包括广告标题、广告正文、商标和公司名称等；非语言文字部分包括广告构思、广告形象及衬托要素等。广告设计就是创造性地组合上述几种要素，使之成为一件完整的广告作品。设计的具体内容包括五个方面。

(1) 广告主题

广告主题是广告的灵魂，它决定着广告设计其他要素的运用。鲜明地突出广告主题，能使消费者接触广告后就理解广告告诉人们什么，要求人们去做什么。广告主题在广告作品中大多以标题的形式出现，排列在能够最快被人注目的位置。标题应具有图形的视觉效果以及文案的说明效果，既要注意标题字型的选择，又要注意其文案内容的可读性。

（2）广告构思

广告构思是对广告主题的形象化表现所进行的一系列思维活动，也称为广告创意。有了明确的广告主题，如果缺少表现主题的构思，仍无法引起消费者的注意，难以取得良好的广告效果；如果构思与主题不协调，主题就不能得到充分表现，甚至会干扰主题而转移消费者的注意力，削弱广告效果。

（3）广告文案

文案是表达主题、创意的文字。文字是平面广告不可缺少的构成要素，配合图形要素来实现广告主题的创意，具有引起注意、传播信息、说服对象的作用。文案要素有标题、广告语、正文、附文等元素。

1）标题是文案中的关键元素，即为广告的题目，有引人注目、引起兴趣、诱读正文的作用。标题在版面编排时，要运用视觉艺术语言，引导公众的视线自觉地从标题转移到图形、正文。

标题文案分三类：直接标题、间接标题、复合标题。

2）广告语，也称标语，它是在整体广告策略中某个阶段内反复使用的，用以体现企业精神或宣传商品特征，吸引公众注意的专用宣传语句，能给人留下深刻印象。编排时可放置版面的任何位置，但要位居广告标题之后，不能本末倒置。

3）正文即为广告要传播的商品说明文，它详细地叙述商品内容，有说明、解答、鼓动、号召的作用。

4）附文是指广告主的公司名、地址、邮编、电话、电报、传真号码。

（4）图形

图形是平面广告主要的构成要素，它能够形象地表现广告主题和广告创意。图形要素有插画、注册商标、画面轮廓线元素。图形是主题的形象化和非文字化表现，要求准确、细腻、生动地表现主题。

（5）色彩

色彩在广告表现中具有迅速诉诸感觉的作用。公众对广告的第一印象是通过色彩得到的。艳丽、典雅、灰暗等色彩感觉，影响着公众对广告内容的注意力。鲜艳、明快、和谐的色彩组合会对公众产生较好吸引力，陈旧、破碎的用色会导致公众产生“这是旧广告”的想法，而不会投放注意力。

四、广告媒介策略

媒介的选择指根据广告的目标市场策略、诉求策略的要求，对可供选择的广告媒介进行评估，从而选出最符合要求的媒介。

目前的广告媒体一般分为三大类：视觉媒体、听觉媒体和视听两用媒体。各种媒体都有自己的特点，互相取长补短，很少互相代替。

1. 媒体选择考虑的因素

（1）媒体的特性

各种媒体都有自己的特点，在进行媒体选择和组合时必须重点考虑各种媒体的特性是否适合发布企业的广告信息。

（2）目标对象的媒介习惯

虽然人的一生中要接触各种各样的媒体，但由于各种社会和经济因素及生活习惯的不同，每个人接触某一具体媒体的机会还是有很大差别的。

应根据目标受众的媒体接触率及习惯来选择媒体。

（3）产品特征及信息的类型

在选择广告媒体时，必须考虑所宣传的产品的特点，应重视以下两点。

1）产品功能多，需要较多文字表达时，应以平面媒体为主。例如，报刊就因不受时间限制，可以用较长篇幅的文字进行说明。

2）产品功能单一，不需大段文字说明时，以选用电视媒体为宜。

（4）媒体的成本

广告媒体的成本是媒体选择中需倍加关注的一项硬性指标。广告费用包括两个方面：一是广告制作成本，二是广告发布费用。不同的媒体，其成本价格自然不同；不同的版面、不同的时间，也有不同的收费标准。

（5）广告预算

广告主投入广告活动的资金费用使用计划中，媒体费用占很大的比例。一个广告主所能承担的全部广告费用的多少，对广告媒体的选择产生直接的影响。

（6）媒体的灵活性因素

能否对媒体渠道上的广告做一定程度的调整和修改，这是衡量广告媒体灵活性高低的标准。一般来说，若在广告推出前，可较容易地修改广告文本，调整推出的时间与形式，则此媒体的灵活性就高；若在某一媒体上确定广告，推出之前不太容易修改文本或调整推出时间与形式，则此媒体的灵活性就差。凡是促进短期销售、推销产品多样化、推销产品多变、广告文本中需标示可能调整的价格等情况，就应该选择灵活性较强的媒体为佳。

2. 媒介选择的步骤

首先，是准确选择并确定几种媒介。选择时，一是从广告内容出发，看这些媒介能否反映出广告的最佳内容；二是从广告费用出发，在有限的资金情况下，能否最佳地反映出广告的内容。

其次，是确定媒介使用的重点。面向一般消费者的商品，一般应以大众传播媒介为主，如电视、报纸、广播、杂志等，而户外广告、交通广告、POP 广告（购物场所广告)，直邮广告则是辅助性的媒介。特殊商品应根据商品的特点来选择媒介。

最后，是科学合理地进行组合。这是媒介组合成功的关键。要根据媒介的特点和媒介的重点，确定广告投放的时间以及投放时间的长短。另外，还要确定是同步出击还是层层递进，亦或是交叉进行。

在媒介选择时应对媒介组合的使用有一个通盘和整体的认识，包括对媒介的评价、媒介的确定、媒介组合的确定、重点媒介的确定等。另外，由于存在地区差异，广告媒介的组合和诉求点不一定非得统一，也就是说，媒介组合应当从不同地区的实际出发。例如，在电视使用率较低的地区，如果仍然把电视作为重点媒介，就会造成广告费的浪费，而且达不到预期的广告效果，那么就不如把广播作为媒介的重点。

总之，媒介选择时，应综合考虑各种因素，总原则是广告效益的最大化。

3. 常用的媒介组合策略

(1) 视觉媒介与听觉媒介的组合

视觉媒介指借助于视觉要素表现的媒介，如报纸、杂志、户外广告、招贴、公共汽车广告等。听觉媒介指主要借用听觉要素表现的媒介，如广播、音频广告。视觉媒介更直观，给人以一种真实感，听觉媒介更抽象，可以给人丰富的想象。电视可以说是视听完美结合的媒介。

(2) 瞬间媒介与长效媒介的组合

瞬间媒介指广告信息瞬时消失的媒介，如广播电视等电波电子媒介，由于广告一闪而过，信息不易保留，因而要与能长期保留信息、可供反复查阅的长效媒介配合使用。长效媒介一般是指那些可以较长时间传播同一广告的印刷品、路牌、霓虹灯等媒介。

(3) 大众媒介与促销媒介的组合

大众媒介指报纸、电视、广播、杂志等传播面广、声势大的广告媒介，其传播优势在于“面”。但这些媒介与销售现场相脱离，只能起到间接促销作用。促销媒介主要指邮寄、招贴、展销，户外广告等传播面小、传播范围固定、具有直接促销作用的广告，它的优势在于“点”，如果在采用大众媒介的同时又配合使用促销媒介，就能使点面结合，起到直接促销的效果。

4. 广告发布的媒介排期

广告发布的媒介排期指的是根据人们的记忆能力曲线来确定广告排期的策略。这种广告排期策略又分为连续性投放排期和间歇性投放排期，用哪种排期方法会直接影响到广告投放的实效，一般来说要根据产品的推广周期而定，如果是产品的上市期、促销期或销售旺期，一般采用连续性投放排期，而在产品销售淡季或成熟期，则可采用间歇性投放排期。

选择好适当的媒介之后，媒介策划人员就要决定每个媒介购买多少时间或单元，即确定广告发布的媒介排期，然后安排在消费者最有可能购买的时期发布广告。媒介排期的主要方法如下。

（1）集中式排期

将广告安排在一个特定的时间段内集中发布，也即集中力量进行突击性广告攻势。这种策略由于在较短时间内集中多种媒体进行广告宣传，无论是策划、组织还是实施都较为复杂，因此运用难度相对较高，风险较大，如果缺少后续，强大的广告攻势之后热潮消散，容易造成产品销售的忽冷忽热。这一策略较适用于在短时间内打响产品的知名度。

（2）持续式排期

在一定时间内有计划地持续均衡地安排广告展露的时间，目的是保持记忆度。应注意科学合理地安排进度，同时注意内容有所创新，宝洁公司常用此策略。这种方法的优点在于广告持续地出现在消费者面前，不断地累积广告效果，可以防止广告记忆下滑，持续刺激消费动机，行程涵盖整个购买周期。其缺点为在预算不足的情况下，采取持续性策略，可能造成冲击力不足。采用这种方式的产品主要有汽车、电视、房地产以及一些日常用品等，因为这些产品消费者一年四季都可以用，没有季节性差异。

（3）时段式排期

在某些时间段刊播广告，然后间歇一段时间，再继之以第二时间段的广告，也就是有广告期和无广告期交替出现，也称交互安排法。这种间歇性排期比较适合于一年中需求波动较大的产品和服务。这种排期的优点在于可以依竞争需要来调整最有利的广告展露时机，可以集中火力以获得较大的有效到达率。其不足在于广告空档过长，可能使广告记忆跌入谷底，增加再认知难度，还存在竞争品牌切入广告空档的威胁。季节性产品较适合这一排期策略。

（4）脉冲式排期

连续地以一般水平开展广告活动，但不时以间歇性的大量集中广告攻势来加以强化。它是持续性排期和起伏式排期的结合体。一般而言，消费者的购买周期越长，越适合采用脉冲式排期。这种排期的好处在于持续累积广告效果，可以依品牌需要，加强在重点期间广告展露的强度。而缺点是必须耗费较大的预算。采用这种排期时，广告主要全年都维持较低的广告水平，但在销售高峰期采用一时性的脉冲排期，以增强效果。采用这种方式的产品主要有饮料、空调等产品，虽然一年四季都有消费，但这些产品在夏季消费量猛增，需要在此时采用脉冲式排期。

广告效果的决定性因素不一定是投放量的大小，在媒介总投资和比重不变的情况下，策略性地安排排期可获得更佳的广告效果。任何一种产品的当前市场份额和品牌资产，都是长久广告投资的累积结果，对于长远的媒体投放要清楚地认识到这是一种增值投资行动。广告是一种连续性的投资行为。只有长期发挥广告的投放实效，方能获得消费者良好的记忆，进而取得受众的信赖。

任务实施

1. 前期准备

组建一个广告策划小组专门负责本次雀巢咖啡的广告策划工作，自主调研或聘请第三方调研公司帮助调研目前企业和市场的基本情况。找出企业亟待解决的问题点，并确定广告策略的总体思路。

2. 市场分析

（1）中国的咖啡市场需求

中国的咖啡市场还很年轻，在未来很长一段时间都会处于上升阶段。中国城市居民的人均咖啡消费量是每年 8 杯，但是在马来西亚、泰国等东南亚国家则为 100 杯以上，日本是 300 多杯。有数据显示，中国内地咖啡年消费量在 3 万吨~4 万吨，增长速度每年在 10%~15%。由于中国市场巨大，咖啡消费增长前景看好，中国在世界咖啡业扩大需求的总战略中占据重要地位。中国潜在的咖啡消费者约为 2 亿~3 亿人，这已与目前世界第一大咖啡消费国美国的市场不相上下。

（2）速溶咖啡市场巨大

尽管我国咖啡消费增长迅速，但却以速溶咖啡为主要产品。据调查，咖啡饮用者中的绝大多数人爱喝速溶咖啡，占调查比例的 92.2%，其次是“三合一”袋装咖啡，占总比例的 58.4%，而喝烘焙咖啡的人群只有 16.8%，速溶和“三合一”咖啡在初级消费者群体中具有很大的消费市场。

3. 营销环境分析

（1）优势

品牌在中国市场已经形成较高的知名度并拥有固定消费者，且消费者忠诚度较高。

（2）劣势

和对手相比，雀巢咖啡的口味偏淡。雀巢奶粉的负面新闻也为雀巢咖啡减分不少。

（3）机会

中国咖啡消费量以每年 15%的速度增长，形成巨大消费潜在市场。

（4）威胁

不断有新咖啡品牌进入中国市场，咖啡品种及其替代品的增加使得整个行业的竞争越来越激烈。

4. 产品分析

（1）产品介绍

雀巢咖啡产品主要有黑咖啡，花式咖啡，奶茶、巧克力牛奶饮品，胶囊套装四种。

（2）产品特征分析

产品性能：以精选的上等优质咖啡豆为主原料，经过精火烘焙，加入咖啡伴侣和糖精心调配而成的饮品，味道香醇，口感顺滑，饮用方便，一冲即可。

产品价格：对于同行市场，其居于品牌领先位置，属于典型的中高档咖啡，价格较高。

（3）产品品牌形象分析

品牌意识：对许多消费者而言，雀巢就是速溶咖啡。在速溶咖啡市场上，雀巢无疑是领先品牌并占领了大部分市场。

品牌核心：雀巢咖啡（Nescafe）这个名字在世界各国的语言中，都给人一种明朗的感觉，强化了雀巢咖啡可以在饮用者紧张或疲劳之后，为其注入活力，使其放松。

5. 广告受众分析

现有目标消费者群体主要是年轻、热情、充满活力、追求时尚的在校学生和工薪阶层。他们有强烈的进取心，但也要面对工作的压力和不断的挑战。大多数消费者购买雀巢咖啡的动机是为了能够提神，提升工作学习状态。

各年龄段人群对咖啡的喜爱程度不同，其中表示非常喜欢咖啡的人群中 41~50 岁占了 24%，20~30 岁占了 18%。进一步调查表明，喝咖啡的男性比例要高于女性。在所有受访者中，喝咖啡的男性为 55. 1%，女性为 44. 9%。

6. 确定广告目标

（1）塑造企业形象，提高指名购买率，保持雀巢咖啡的市场领导地位，进一步拓展品牌空间。

（2）有针对性地吸引大众型和年轻活力型消费者。

（3）传播雀巢咖啡所代表的休闲、活力的文化和理念。

7. 广告策划文案

（1）目标市场策略

在咖啡市场，消费者首先认可咖啡产品是用来休闲、放松和享受生活的，其次认可咖啡的提神效果。雀巢咖啡目标市场策略由此而来。

1）塑造“分享咖啡给人们带来的正能量与精彩生活”的咖啡主题。

2）较为年轻，18~30 岁。

3）消费者心理属于年轻活力型。

4）对广告有亲切感。

5）注重流行新趋势。

6）“希望成为具有独特风格的人”。

（2）广告诉求策略

诉求对象：目标市场消费群。

诉求内容：考虑到现在的年轻人所具有的清爽活力，注重流行新趋势，追求自信的心理，最终确定“分享咖啡给人们带来的正能量与精彩生活”的主题为本广告的诉求重点。

（3）广告创意策略

广告主题以拟人、夸张的手法突出各种家用电器莫名通电并给观众留下悬念，以此来体现雀巢咖啡的活力、提神与振奋的主题。

首先，以轻松幽默的音乐表现家用电器离奇启动以及主角疑惑的心情；其次，以《匈牙利舞曲（第5号）》强烈的节奏感衬托出故事高潮，表现主角的惊慌；最后，以舒缓的音乐引出后续故事，意在突出活力注入主角身上，给予观众惊喜振奋的感觉。

（4）广告表现策略

在公交站牌、候车厅灯箱处投放平面广告。

在电视方面以全国性的主流电视媒体为主，尤其是受年轻人欢迎的电视频道。

由于本次策划针对的重点为中青年消费者，这些目标群体走在时尚前沿，与网络接轨较多，所以除了平面广告外，还在一些受欢迎的网站，如新浪微博上发起一场新颖的活动——在全球40多个国家进行雀巢咖啡传递接力，分享咖啡给人们带来的正能量与精彩生活。各国消费者只需在社交媒体发布自己传递雀巢咖啡的创意视频，就有机会被选中赢得大奖。对消费者进行提醒性诉求，以促使他们即时采取购买行动。

以报纸杂志广告为补充，向目标消费者传达关于产品的更丰富的信息，同时将各种促销活动的内容及时告知消费者。

8. 广告预算（略）

思考与练习

1. 简述广告策划的内容。
2. 简述广告策划的方法。

任务2 公关活动策划

知识目标

- 掌握公关策划的内容
- 掌握公关策划的流程
- 掌握公关策划的常用技巧

能力目标

- 能按照公关策划的程序来开展活动

任务引入

周黑鸭，全称湖北周黑鸭管理有限公司，是一家专业从事鸭类、鹅类、鸭副产品和素食产品等熟卤制品生产的品牌企业。2011 年，“周黑鸭”被认定为“中国驰名商标”，为武汉市唯一一家荣获中国驰名商标的食品加工类商标品牌。为了实施企业的发展规划，湖北周黑鸭公司在商标境外保护上也未雨绸缪，分别将周黑鸭商标在中国香港和澳门特别行政区、台湾地区，以及马来西亚、新加坡、澳大利亚成功注册，同时对已经被认定为湖北省著名商标的周黑鸭正继续加大商标宣传力度，并随着全国更多城市分公司和专卖店的建立进一步扩大宣传范围，促进商标的知名度与美誉度不断提升。

周黑鸭凭借“中央厨房+直营连锁店”的供应模式走出湖北，成为国内排名前三位的熟卤制品企业。但其竞争对手却利用“直营+加盟”疯狂扩张。据统计，截至 2015 年年底，绝味鸭脖在全国 28 个省市开设了 7 172 家直营/加盟店，营业收入约 29.21 亿元，其中直营店主营业务收入占比 6.07%。而周黑鸭公布的招股说明书显示，目前其自营门店数量为 715 家，其中 2013—2015 年新开门店数量分别为 97 家、117 家和 222 家。

门店数量少、盈利能力强，周黑鸭店铺遭遇了大量山寨。

2014 年 8 月 25 日，周黑鸭公关部总监证实：江苏某地周黑鸭门店全是山寨。

“江苏周黑鸭门店都是山寨店”的消息在网上传得沸沸扬扬，这一说法得到周黑鸭公关部总监的证实。据了解，在江浙沪一带，周黑鸭仅在杭州、上海有店，其余地区均为盗用商标的山寨店。

2016 年 1 月 21 日，国家食品药品监督管理总局发出通告，称在近日组织的打击食品违法添加执法行动中，发现全国 35 家餐饮服务单位经营存在涉嫌违法添加行为。其中包括安徽某市的两家“周黑鸭”店，湖北周黑鸭管理有限公司则称这两家并不是其连锁店。

请针对上述市场环境的描述，及相应的公关目标和公关战略，为周黑鸭设计具体的公关策划方案。

任务分析

根据任务引入的描述，我们明确了周黑鸭所面临的市场环境，周黑鸭在保证产品品质的基础上，品牌推广上也一直在创新，并取得了不错的反响，在同类产品中具有明显的优势。但是“山寨店”对于公司的影响不容小觑，消除“山寨店”带来的负面影响已成为目前公司的主要公关目标，请针对这一主题策划具体的公关方案。

相关知识

一、公关策划的内容

1. 公共关系的含义

公共关系是一个企业或组织为了增进内部及公众的信任和支持，为自身事业发展创造最佳的社会关系环境，在分析和处理自身面临的各种内外关系时，采取的一系列科学的政策与行动。“公共关系”一词译自英文 Public Relations（PR），简称公关。其主要含义表现在以下方面。

第一，公共关系是一个组织与其公众之间的关系。这种关系是一个组织在与公众的相互作用和相互影响中形成的。

第二，公共关系是一种特殊的思想和活动。作为一种思想，它渗透在一个组织的全部活动之中；作为一种活动，它又具有区别于组织其他活动的特殊性和特殊要求。

第三，公共关系是现代组织管理的独立职能。公共关系就是要协调组织与公众的相互关系，使组织适应公众的要求，使公众有利于组织的成长与发展。

第四，信息沟通与传播是公共关系的主要手段。公共关系主要依赖现代大众传播媒介为物质工具。

2. 公关策划的含义

所谓公共关系策划，是指公共关系人员根据组织形象的现状和目标要求，分析现有条件，谋划并设计公关战略、专题活动和具体公关活动最佳行动方案的过程。公关策划的核心，就是解决以下三个问题：一是如何寻求传播沟通的内容和公众易于接受的方式，二是如何提高传播沟通的效率，三是如何完备公关工作体系。

3. 公关策划的原则

一般来讲，公关策划应遵循的原则有：求实原则、系统原则、创新原则、弹性原则、伦理道德原则、心理原则和效益原则。

（1）求实原则

实事求是，这是公关策划的一条基本原则。公关策划必须建立在把握事实的基础上，以诚恳的态度向公众如实传递信息，并根据事实的变化来不断调整策划的策略和时机等。只有这样，才能获得公众的信任，达到提高企业形象的目的。

（2）系统原则

系统原则指在公关策划中，应将公关活动作为一个系统工程来认识，按照系统的观点和方法予以谋划统筹。

（3）创新原则

创新原则指公关策划必须打破传统、刻意求新、别出心裁，使公关活动生动有趣，从而给公众留下深刻而美好的印象。公关策划要倡导逆向思维、出奇制胜。

（4）弹性原则

公关活动涉及到的不可控因素很多，任何人都难以把握，留有余地才可进退自如。

（5）伦理道德原则

伦理道德原则的核心内容是组织公关活动及其策划与从业人员行为的道德要求日趋加强。

（6）心理原则

心理原则指公共策划人员在谋划公关活动过程中，要运用心理学的一般原理及其在公关中的应用，正确把握公众心理，按公众的心理活动规律，因势利导。

（7）效益原则

一般而言，提高企业公关的经济效益是公关策划的重点，就是说要以较少的公关费用，去取得更佳的公关效果，达到企业的公关目标。

二、公关策划的程序

公关策划一般经过分析公关现状、确定公关目标、选择和分析目标公众、制定公关行动方案和编制预算五个步骤。

1. 分析公共关系现状

在公关调查的基础上，进行公关现状的分析，是公关策划的第一步。为此，应做好以下三项工作。

（1）审核已搜集的公关资料，分析公关现状

分析前先进行一次充分的公关调研。公关调研使组织了解其在公众心目中的形象地

位，展开公关工作的条件、困难，竞争对手的情况，实现目标的可能性，为组织决策提供科学依据，增强公关活动的针对性，提高公关活动的成功率。

（2）明确公共关系存在的主要问题及原因

在上述工作的基础上，找出当前组织形象存在的主要问题及原因。只有把主要问题找准了，公共关系人员才能抓住关键、对症下药，才能有效地开展方案策划。

（3）了解企业形象的选择和规划

分析阶段还应该充分了解和把握企业对自身公众形象方面的规划设想，企业形象应能促进企业发展，形象设计要求将公众的要求和企业能做什么有机统一。

2. 确定公关目标

明确问题后，策划人员需要进一步明确问题要解决到什么程度，是全面解决还是部分解决，这就需要确定公关的目标。目标越高，可能取得的收获越大，但工作的强度和实现的难度也越大。从解决问题的角度看，公关目标分成以下几类。

（1）全新塑造目标

全新塑造目标指企业在创办、改制或合并时，为树立一个新组织的形象而设置的公关目标。此时，组织面临的关键问题是在公众的心目中没有什么印象。

（2）形象矫正目标

形象矫正目标是为改变公众对组织的原有不良印象所设置的公关目标。由于组织前段工作的失误或由于公众的误解、偏见等原因，组织存在着形象受损、声誉下降等严重问题。需要通过公关工作来弥补组织形象，挽回声誉，使公众逐渐淡化并改变对组织的不良印象。

（3）形象优化目标

形象优化目标是在原有组织形象的基础上，根据组织整体的目标和公众的需要与意向制定的继续强化组织形象的公关目标。形象优化目标主要体现为进一步提高组织的知名度和美誉度。

企业的公关目标应有先进性和可行性。就是所谓的“篮球架”原理——既不是高不可及，又需要努力跳跃才能摸到。

企业的公关目标应服从组织目标，注意公关目标与各子目标之间的协调。各子目标针对不同的公众，有可能发生相互矛盾和抵触，所以必须协调公关子目标之间的关系。

（4）问题解决与危机公关

由于企业经营环境处于不断变化中，企业生产经营中也会因为某些方面的工作疏漏，给企业造成许多突发事故。例如，产品质量事故、生产安全事故等造成企业的营销危机，危机一旦爆发，企业就应及时正确做出反应，利用危机公关处理好企业的危机，挽回事故给企业带来的负面影响。因此，危机问题的解决就是企业危机公关的一种目标。

3. 选择和分析目标公众

企业的公关对象包含很多，但在一定时期内，依据组织所面临的主要问题和已经明确的公关目标，只能将一些公众作为组织的重点工作对象，这些重点工作对象即为目标公众。

（1）选择目标公众

选择目标公众的主要依据是组织面临的主要问题和公关目标。所谓公关问题就是组织和某些公众的关系存在着的问题，而目标则是对解决问题所能达到的程度要求和抱负水平的描述。

（2）分析目标公众

首先，要搜集目标公众的有关信息。一般包括以下四个方面：一是目标公众的基本情况信息，如目标公众的地域分布、性别比例、职业类型、收入情况等；二是目标公众认知方面的信息，如目标公众对组织的产品服务、基本情况等的知晓程度；三是目标公众的态度信息，如目标公众对组织及产品服务是如何看待的，是喜欢还是讨厌，是支持还是反对；四是目标公众的行为信息，如目标公众是怎样获得组织产品信息的，是通过广告还是通过朋友介绍等。

其次，要鉴别目标公众的需求。对目标公众的各种要求进行概括和分析，找出其中的共同点，把满足目标公众的共同要求作为开展公关工作的基本出发点。

4. 制定公关行动方案

在公关目标与公关对象确定之后，就可以着手制定具体的公关行动方案。主要涉及以下四个基本问题：做些什么？怎么做？谁来做？什么时候做？第一个问题提出了明确公关活动项目的要求，第二个问题提出了明确活动策略的要求，第三个问题提出了明确活动主体的要求，第四个问题提出了明确活动时机的要求。方案制定尤其要注意公关时机选择、重视细节、策动传播、选好公关模式等。

公关模式分如下五种。

（1）宣传性公共关系

通过各种大众传播，向广大公众特别是顾客传播有关企业发展、服务社会、产品创新等信息，以控制舆论、树立形象。

（2）交际性公共关系

通过开展各种社会交际活动，如举办各种联谊会，建立与顾客亲和融洽、长期稳定的关系，是一种感情投资。

（3）服务性公共关系

向社会与顾客提供各种服务，使顾客获得实实在在的利益，以取悦公众与顾客，促进营销目标的实现。

（4）社会性公共关系

通过积极参与社会公益事业，为社区发展做贡献等形式，扩大企业影响，树立企业形象，以利于企业市场营销目标的实现，常见形式如公益性赞助等。

（5）征询性公共关系

企业通过民意调查，征求用户意见，开展消费咨询等方式，扩大影响，促进销售，如民意测验等。

5. 编制公关预算

公关预算是估算实现公关方案所需要的资源。公关费用主要分两类：一是基本费用，如人工、办公经费、器材费；二是活动费用，如招待费、庆典活动、广告、交际应酬等。

三、公关策划的常用技巧

1. 名人效应

利用名人效应进行的策划已经相当普遍，是公共关系策划中比较基本的技巧。其具体方式大致可以分为两种：一种是请名人担任企业、组织或产品的形象代言人；另一种是请名人为企业、组织或产品做广告。这两种形式的基本原理是相同的，都是试图借助名人的知名度来扩大企业、组织或产品的知名度。

在请名人担任企业、组织或产品的形象代言人时，要注意以下几点。

（1）要寻找形象、气质和修养等综合素质与企业、组织或产品特点接近的名人，通常选择演艺界人士、体育界人士、专家、典型顾客、媒体人士、卡通形象或电脑合成的某种形象。例如，南孚电池曾经的形象代言人为中国女足前队长孙雯，正是要传达出南孚电池的质量和耐力如同“铿锵玫瑰”一样优秀和顽强。

（2）要分析企业、组织或产品的目标公众，所选择的形象代言人要易于被公众接受。例如，娱乐明星一般不太容易被高学历群体所接受，如果企业、组织或产品的目标公众是高学历群体，则不宜请演艺明星代言。

（3）要注意名人的公众形象，一旦形象代言人因负面新闻遭受公众的指责，企业、组织或产品的形象必将受到损害。形象代言人不宜频繁更换，否则会有损于企业、组织或产品形象的稳定性和一致性。

2. 制造新闻

制造新闻就是策划者为了引起媒体的注意而故意制造出来的事件或消息，使其具有新闻价值。制造新闻属于公共策划中相对高级的技巧，它要求策划者具有敏锐的“嗅觉”，能够及时发现企业或组织日常工作中具有新闻价值的事件或消息。制造新闻通常有两种方式：一是“放风”；二是“炒作”。但是在实际操作中，两者往往很难区分开来。“放风”即所谓的故意“走漏”消息，吸引媒体注意，导致媒体主动报道；“炒作”通常则是策划者联合媒体对一些公众可能关注的事件或消息大肆渲染，从而达到提高知名度的目的。

3. 设置“陷阱”（植入式广告）

设置“陷阱”是将企业、组织或产品的品牌、标准或实体隐藏于文艺节目或者其他形式的表演当中，激发目标公众的好奇感与新鲜感，吸引目标公众主动靠近公关策划的目的。

设置“陷阱”属于在公关策划技巧中比较高级的技巧，它要求策划者对于“度”的把握要有清醒的认识，只有恰到好处的广告和宣传才能博得目标公众的会心一笑和品牌认知，过分夸张只能引起公众的反感，过犹不及。

例如，世界一些著名的汽车生产商都争先恐后地将自己的最新产品提供给“007”系列电影作道具，当詹姆士·邦德在电影中驾驶着某款汽车拯救世界的时候，该产品的用户会激动不已，并且极大地激发了潜在用户的购买欲望，而企业的品牌也在全球范围内得以传播。

4. 借题发挥

借题发挥即借助突发事件、热门话题进行相应的公关策划，以达到提高企业或组织形象，促进产品销售或改善与公众之间关系的目的。它属于公关策划技巧中难度较高的技巧，要求策划者必须具有敏锐的意识和快速的捕捉能力，能够及时意识到突发事件中和热门话题中所蕴含的机会，并且能够把握这种机会。

借题发挥的方式一般有两种：一种是“抢点”；另一种是利用突发事件，即借助突发事件的舆论影响来开展策划。后一种方式难度更大，它是公关策划中最具技术含量的技巧，对策划者的要求也最高。通常能够引起媒体注意的突发事件都是危机事件，如何最大限度消除危机事件带来的不利影响，并将其转化到有利的一面，这是公关策划中最难操作之处。

四、危机公关策划

1. 危机公关策划的含义

企业危机是指由于企业自身或公众的某种行为而导致组织环境恶化的突发性事件。常常是一些意想不到的、危及企业财产和名誉的重大事件。而企业运用公关手段，策划处理企业危机的过程，则称之为企业危机公关策划。危机公关策划是公关策划的另一主要形式。

企业发生危机的原因很多，因此企业危机的类型也就很多，常见的有产品（或服务）瑕疵型危机、劳工纠纷型危机、股东纠纷型危机、经营不良型危机、反宣传事件型危机等。

2. 企业危机一般特点

(1) 突发性

危机常常在企业当事人毫无准备的情况下瞬间发生，它会给当事人带来极大的混乱和恐慌。例如，化工厂排污引起重大生态污染事件。

(2) 严重危害性

危机不仅给企业带来巨大损失，而且很可能给公众带来恐慌，有时甚至给社会造成直接经济损失。例如，核泄漏等事件损失的就不仅是核电站。

(3) 扩散性

危机常常成为社会舆论关注的“热点”，更是新闻媒体报道的最佳“新闻素材”和报道线索，有时甚至牵动整个社会各界公众的“神经”。“好事不出门，坏事传千里”，一个负面消息的传播足以抵消千百万篇正面的报道和千百万次广告。

3. 企业危机的发生与传播的阶段和特征

(1) 危机酝酿期

危机酝酿期是指危机的孕育时期，其特征是危机有时会显现出预兆和端倪。在这个阶段如果察觉的话，通常危机是可以避免的，但更多的危机难以被察觉。危机的酝酿是一个长期的过程，现实中，危机往往于瞬间爆发，但其隐患却可能存在很长时间。

(2) 危机爆发期

危机爆发期是指危机的产生时期，其特征是危机发生了，细心敏锐的人肯定可以察觉，而迟钝和麻痹大意的人则会熟视无睹。在这个阶段，危机已经暴露，可以逆转，也可以转化。从传播的角度来讲，这是危机信息传播的原始起源。

(3) 危机扩散、蔓延期

指危机发生后，通过媒体、人员或者组织的传播，危机不断扩散，受众知晓率爆炸式增长的时期。其特征是危机事态正在发展，本质原因却不一定能明确，现象则在传播中不断复制。

从传播的角度来说，信息的内容复杂化，有准确的、有不准确的，有目击的、也有猜测的。信息传播渠道也呈多样化，有从现场传播的，有从相关组织、人物传播的，也有可能是从媒体传播的。总之，当事人、媒体自身、企业自身、相关的组织和人员，因为事态的进一步发展，都有可能成为信息传播源。

另外，人们的好奇心需要满足，而其原因又正在调查中，故有大量的信息“真空”，媒体、公众将通过各种渠道来填补这一空隙。

(4) 危机的减弱、消失期

随着事态的发展、原因的调查和事件的处理，事件有了结果，当事人各得其所，公众、媒体的关注将逐渐减弱、消失。

从传播的角度来讲，信息“真空”已经被填补，受众的关注兴趣下降直至消失，或转到其他兴趣，注意力也就发生了转移。

4. 危机各阶段公关策划方法

（1）危机孕育期的公关策划方法

孕育期的公关对策以预防为主，尽量把危机扼杀于孕育期。

一般来说，很多企业的危机发生并非偶然，事前总是有着多种苗头与端倪，完全可以察觉，而且完全可以从容适当地处理，大可不必等到媒体曝光，社会上闹得沸沸扬扬，消费者纷纷侧目时，才“闻风而动，四处奔波，疲于应付”。

（2）危机爆发期的公关策划方法

在危机的爆发期，信息传播计划显得非常重要。要点如下。

1）采取适当的隔离措施，将危机区域、部门与企业正常的生产经营活动、社会公众隔离开来，目的是不影响正常的经营活动，不影响市场需求。

2）不要有回避记者的打算，要表现出配合记者采访的态度。

3）保护好现场，控制事态的发展，尽快调查，找出原因，拿出解决方案，并做好应急准备。

4）企业如果有不当的行为，经确认后，应尽快公之于众，并采取积极的纠正措施。

（3）危机扩散、蔓延期的公关策划方法

危机发生造成忙乱甚至慌乱是正常的，因为有太多的事情需要处理，如组织人员、查找原因、展开补救措施、回答各方面的询问，同时还要维护企业正常的运转，但越在这种时候却越需要镇静。

这个阶段的事情是最关键、最棘手的。第一要务是赶紧组织人员，并立即展开工作。本阶段的策划工作要点有以下几个方面。

1）组织危机控制中心，其中一定要有专门负责对外传播的人员。视工作量的大小确定人数，让传播人员知晓危机的时间、地点、性质，及企业所采取的措施，并使之始终能得到最新的消息。

2）使企业本身成为信息最权威的中心，掌握报道的主动权，并保持与媒体良好的沟通，填补“信息真空”。要及时公布接受询问的新闻热线，如有必要24小时开通。并向记者提供现场传真、电话等通信用品。尽快准备好消息准确的新闻稿，告诉公众发生了什么危机，尽快公布有关的背景情况，填补信息真空，避免以讹传讹甚至谣言四起。

3）做好危机传播计划。为确保传播信息的一致性，要对如下一些问题做出安排：判断、决定哪些信息可以传播给媒体？由谁在何时传播？怎么样进行传播？

在企业内部，要确定对外发言人，由其负责对外媒体传播，同时也要对负责电话询问的人指定专人。对外发言和接受咨询都要保持一致的口径。深层次的原因如果没有调查清楚，不要发布猜测的和不准确的原因。

4）告诉新闻界企业采取的补救措施，让他们看到企业为此所做的努力。必要时，最高领导人可以出面，向公众表明企业对此事的重视，并增强可信度。

5）企业应牢记，市场永远比形象更重要。对于受害者，要冷静地倾听他们的意见，了解受害的情况，确认有关赔偿损失的要求。要给受害者以安慰和同情，尽可能地提供给他们所需要的服务，尽最大努力做好善后工作。

6）做好危机的“导势”工作。所谓导势，即是借助媒体，通过引导局势，使原来不利于企业的事情朝着有利于企业的方向发展。

7）对于失实的报道，当有全面扩散的危险时，可以考虑向新闻出版部门仔细说明情况，要求媒体更正。

8）召开新闻发布会。当出现不实新闻扩散时，召开新闻发布会或记者招待会是一个很好的澄清事实的方式。第一，它以面对面的方式对待公众和传媒，进行双向的沟通，也是真诚面对公众的形式；第二，在一个集中的时间内向媒体说明情况，可以缓解新闻媒体、公众询问的压力；第三，它也有助于媒体将企业真正地视为信息来源的主要渠道，从而以企业可以控制的信息来填补信息“真空”，掌握传播的主动权。

危机处理中，企业召开新闻发布会应遵循以下原则。

① 应在成熟的时机召开新闻发布会。发布会太早开，有可能信息不完全，可能对于公众关心的重要问题没有解决方案和措施，因而达不到效果，或者反而有负面效果；太晚开则有可能起不到填补“信息真空”，成为信息主要渠道的作用。

② 做好发布会的策划准备工作。尤其是思想上的准备，对于公众关心的问题要考虑周全，并有圆满的答复。

③ 注意多用事实说话。事实胜于雄辩，多用事实本身说话。

（4）危机减弱、消散期的公关策划方法

通过第二、第三阶段对危机的扭转，本阶段应注意多刊登一些正面的消息，将负面影响降低到最小程度，树立正面的影响。

任务实施

周黑鸭公关策划具体实施步骤如下。

1. 分析公共关系现状

周黑鸭坚持100%分店直营，全国有300家门店，而行业中规模最大的绝味已经有近3 000家。2016年1月，周黑鸭公布的调查情况显示，全国范围内的山寨店“周黑鸭”高达941家，尚未进驻的省、市成为了山寨店的重灾区。周黑鸭曾多次因山寨店“被黑”存在食品安全问题。针对此种现状可以聘请专业的第三方调研机构或自主调研，分析目前周黑鸭公关中存在的问题及原因，结合企业的发展脉络，制定独树一帜的公关策略。

2. 确定公共关系目标

（1）通过营销方式的组合，达到目标市场的全面覆盖。

（2）通过传播实现对营销活动效果的推进。

（3）使周黑鸭品牌在目标消费者中知名度、信任度和美誉度提升。

（4）最终促进周黑鸭销售量的增长。

3. 制定公共关系战略

以“安全、健康”为核心，通过“体验营销”“网店推广”和“互动营销”三位一体共同推进周黑鸭品牌的认可度。

4. 选择和分析目标受众

（1）体验营销目标客户群：中产阶级女性白领、女性大学生。

（2）互动营销目标客户群：愿意尝试新事物和关注热点的青年。

（3）网络营销目标客户群：喜爱网络的青年。

5. 制定体验营销公关策划方案

（1）活动主题：周黑鸭“绿色健康”产品链实地参观。

（2）活动时间：6—8月。

（3）活动目的：吸引中产阶级女性白领及女性大学生的高度关注，使这一部分消费者将周黑鸭品牌与“绿色健康”联系起来，培养这一部分消费者对“周黑鸭就是健康”这一概念的形成，引发购买热潮。

（4）合作伙伴：新浪微博平台。利用新浪微博平台周黑鸭官方微博发起活动，抽取参观者，微博平台随时更新活动进度，保持活动热度。

（5）活动内容：

活动分为“我与周黑鸭之不期而遇”“我与周黑鸭之亲密接触”和“我与周黑鸭之不离不弃”三个阶段。各阶段均采取自由投稿参与的形式。所有参赛者可以采用文字、图片、视频等方式展示出周黑鸭产品的特点。整体设计要求达到“绿色”+“美味”的效果，并要求突出“周黑鸭”品牌的辨识度。

第一阶段在微博中评选出100名粉丝，参加第二阶段“我与周黑鸭之亲密接触”的实地参观活动，参观完成后，各位参观者进入第三阶段“我与周黑鸭之不离不弃”作品评选，优胜者可获得周黑鸭一万元储值卡。

（6）活动媒体传播：

1）在6月，传播主题是新闻《周黑鸭携手微博，探秘“鸭子起源”》。

2）在7月、8月，传播主题是新闻《一万元你能在周黑鸭吃多少只鸭子?》。

6. 制定网店推广公关策划方案

（1）活动主题：山寨店难分辨？来周黑鸭天猫旗舰店。

（2）活动时间：9—12月。

（3）活动目的：吸引愿意尝试新事物和关注热点的青年的高度关注，使这一部分消费者将周黑鸭品牌与“绿色”“健康”“时尚”等感觉联系起来，形成对周黑鸭品牌的喜爱。

（4）合作伙伴：天猫、电视台（天猫“双十一”晚会）。

（5）活动内容：

1）借助天猫平台“双十一”“双十二”购物狂欢节进行品牌的宣传和产品的推广。

2）对电视台天猫“双十一”晚会进行冠名。

（6）活动媒体传播：

1）9月、10月，传播主题是《山寨店闯的祸，这个锅我们不背》《山寨店难分辨？来周黑鸭天猫旗舰店》。

2）11月，传播主题是综述《双十一购物狂欢节，怎能少了周黑鸭》《看晚会，啤酒与周黑鸭更配哦》。

3）12月，传播主题是综述《双十二，周黑鸭陪你继续嗨翻天》。

7. 制定互动营销公关策划方案

（1）活动主题：悬赏令——寻找你身边的“伪鸭子”。

（2）活动时间：1—3月。

（3）活动目的：吸引周黑鸭忠实消费者的关注，全民打假，消除“山寨店”对周黑鸭的负面影响。

（4）合作伙伴：微信公众平台。

（5）活动内容：

通过周黑鸭微信公众号普及正宗周黑鸭的辨别方法，开展悬赏令——寻找“伪鸭子”活动，凡提供有效线索者，均可获得相应红包奖励，吸引忠实消费者参与该活动。

（6）活动媒体传播：

1）1月，传播主题为新闻《为周黑鸭正名！全国近千家周黑鸭门店过半是山寨》。

2）2月、3月，传播主题为新闻《悬赏令——寻找你身边的“伪鸭子”》。

8. 费用预算（略）

思考与练习

1. 简述公关策划的内容。

2. 简述公关策划的流程。